Katharina Schilling

Transnationale Migration und Care-Arbeit

Migration und Lebenswelten

Herausgegeben von Prof. Dr. Nausikaa Schirilla

Band 5

Katharina Schilling

Transnationale Migration und Care-Arbeit

Die soziale Situation von philippinischen Arbeitsmigrantinnen in Kanada

Mit einem Vorwort von Prof. Dr. Angelika Schmidt-Koddenberg

Centaurus Verlag & Media UG

Katharina Schilling studiert derzeit im Masterprogramm des Instituts für Migrationsforschung und Interkulturelle Studien (IMIS) der Universität Osnabrück „Internationale Migration und Interkulturelle Beziehungen".

Bibliografische Informationen der Deutschen Nationalbibliothek
Die Deutsche Nationalbibliothek verzeichnet diese Publikation in der Deutschen Nationalbibliografie; detaillierte bibliografische Daten sind im Internet über http://dnb.d-nb.de abrufbar.

Gedruckt auf säurefreiem und chlorfrei gebleichtem Papier.

ISBN 978-3-86226-229-8   ISBN 978-3-86226-941-9 (eBook)
DOI 10.1007/978-3-86226-941-9

ISSN 2191-673X

© *CENTAURUS Verlag & Media KG, Freiburg 2013*
www.centaurus-verlag.de

Umschlaggestaltung: Jasmin Morgenthaler, Visuelle Kommunikation
Umschlagabbildung: Shadow of a baby carriage, Foto: selimaksan, Quelle:
www.istockphoto.com
Satz: Vorlage der Autorin

Vorwort

Eine engagierte Studentin beschließt, ihr freiwilliges Praxissemester im Ausland zu verbringen und fliegt im Herbst 2010 nach Calgary, Kanada. Auf ihren Einsatz hat sie sich gut vorbereitet, im Sondergepäck befinden sich eine Menge Studienmaterial und Bücher. In ihrer Praxisstelle, im Centre for Newcomers ist sie in die Planung und Durchführung von Gruppenangeboten für in Calgary arbeitenden philippinischen *Live-in Caregivers* aktiv eingebunden. Mit ihrem verbindlichen und engagierten Einsatz erlangt sie in kürzester Zeit Vertrauen im Team wie auch das ihrer Zielgruppe. Dies schafft die Basis, neben dem Praktikum auch eine ambitionierte empirische Studie zur sozialen Situation der betroffenen Frauen zu planen und durchzuführen.

Die Rede ist hier von der Verfasserin des vorliegenden Buches. Katharina Schilling gelang es in beeindruckender Weise, mit philippinischen Frauen, die in Kanada als Hausangestellte leben, ausführliche Gespräche zu führen, um diese später im Rahmen ihrer Abschlussarbeit mit wissenschaftlichen Methoden inhaltsanalytisch auszuwerten. Dabei verfolgt sie ein doppeltes Erkenntnisinteresse: neben der psychosozialen Situation der Frauen geht es auch um die gesellschaftspolitische Reflexion dieser neuen Form von transnationaler Migration. Erst in dieser doppelten Perspektive lassen sich Handlungsansätze für den konkreten Unterstützungsbedarf der migrierten Frauen wie auch für strukturelle Veränderungen globalisierter Arbeits- und Lebensverhältnisse ableiten.

Die Veröffentlichung der vorgelegten empirischen Studie in der Reihe „Migration und Lebenswelten" des Centaurus-Verlags begrüße ich sehr. Es würdigt das überdurchschnittliche Engagement der Autorin ebenso wie es dazu beiträgt, die erzielten Ergebnisse in den laufenden Diskurs einzubringen. Da das globale Phänomen der transnationalen Migration von „neuen Dienstmägden" so ausgesprochen vielfältig ist, bietet diese Studie gleich mehrere Anknüpfungspunkte an aktuelle fachliche und politische Diskurse.

Sie reiht sich ein in die Diskussion über neue transnationale Migrationsformen, die mit ihrem Anspruch eines kommunikationstechnologisch unterstützten Alltags in geographisch und kulturell getrennten Sozialkontexten ganz neue biographische Lebensentwürfe generieren. Diese neuen Lebensentwürfe implizieren nicht nur

große Herausforderungen für die Frauen, sondern das Leben in einer „Weltfamilie"
(Beck/Beck-Gernsheim 2011) hinterfragt zugleich auch tradierte Geschlechtsrol-
lenmuster und Familienmodelle in unterschiedlichen kulturellen Kontexten.

Zugleich bringt diese Facette moderner Migration sinnfällig die in vielen Gesellschaften ungelöste Geschlechterfrage zum Ausdruck. Anstatt die drängenden
Fragen einer angemessenen Arbeitsteilung zwischen Männern und Frauen konsequent zu lösen, kommt es zu deren Verschiebung auf die „Frauenseite" und wird
dann international entlang der Linie globaler sozialer Ungleichheiten „durchge-
reicht". Denn es sind nicht arme, sondern gut qualifizierte Frauen und Mütter, die
ihr Land, ihre Familie und ihren Sozialraum auf der südlichen Hälfte des Globus'
eintauschen gegen eine zwar schlecht angesehene, aber im Verhältnis zu ihrer Ist-
Situation gut bezahlten Tätigkeit in einem Privathaushalt auf der nördlichen Erd-
halbkugel.

Die vorliegende Studie konkretisiert die psychosoziale Situation wie etwa die Arbeitsbedingungen oder subjektiven Bewältigungsstrategien anhand zahlreicher au-
thentischer Gesprächsauszüge. Die vier zentralen Aspekte von persönlicher Einsamkeit, Opferbereitschaft, Schuldgefühlen und die Ironie der globalen Umverteilung der Reproduktionsarbeit werden gut verdeutlicht, aber auch die vorhandenen
familiären Unterstützungsstrukturen via Internet oder durch weitere Verwandte in
Kanada. Dabei wird auch die gleichzeitige asymmetrische Erwartungshaltung deutlich: die Frauen erstreben viel Geld zu verdienen, um ihre Familie im Herkunftsland zu unterstützen bei gleichzeitig höheren Lebenshaltungskosten in Kanada. Die situative Belastung der eigenen Arbeitssituation, wie z. B. die oft fehlende
Privatsphäre sowie die Schuldgefühle gegenüber den eigenen zurückgelassenen
Kindern sind nur ertragbar mit der realen Aussicht auf einen begehrten Ein-
wanderungsstatus und einem dann möglichen Familiennachzug. Dieses Ziel impli-
ziert die Aussicht vor allem den eigenen Kindern bessere Zukunftschancen zu er-
schließen.

Welche Konsequenzen ergeben sich aus diesen Ergebnissen für die Soziale Praxis?
Und was hat Soziale Praxis in Deutschland mit der Lebenssituation von philippinischen ‚Dienstmägden' in kanadischen Privathaushalten zu tun? Hier liefert die Studie Anknüpfungspunkte für den praktischen wie politischen Diskurs. Nimmt man
das soziale Phänomen der *global care chain* in seiner Differenziertheit und Komplexität wahr, wird offensichtlich, dass auf die aus dem transnationalen Le-
bensentwurf resultierenden hohen emotionalen und psychosozialen Belastungen
der Frauen mit konkreten Unterstützungsangeboten zu begegnen ist. Zugleich sind

jedoch auch die Chancen zur Verbesserung ihrer persönlichen und familiären Le-
benssituation nicht zu verkennen; die gegebene Einwanderungsoption schafft reale
Entwicklungschancen für sie und ihre Kinder. Um allerdings die gesellschaftlichen
Umstände in Gestalt der globalen sozialen und Gender-Ungleichheiten, die solche
Lebensentwürfe überhaupt erst hervorbringen, zu verändern, sind politische Ansät-
ze im nationalen wie internationalen Kontext unverzichtbar. Dies schließt bei-
spielsweise unmittelbar an die Debatte über Kinderbetreuungsstrukturen oder die
Verständigung über Mindeststandards für Arbeit im Privathaushalt auch in
Deutschland an.

In diesem Sinne liefert die Studie wichtige Impulse und kann zur Auseinandersetzung mit der Situation von weltweit geschätzten über 52 Millionen Haushaltsarbeiterinnen einen konstruktiven Beitrag leisten, auch in unserer Gesellschaft.

Angelika Schmidt-Koddenberg
Köln, im März 2013

Prof. Dr. Angelika Schmidt-Koddenberg
Kath. Hochschule NRW, Abt. Köln
University of Applied Sciences
FS Gender & Transkulturalität
Wörthstr. 10
50668 Köln
Fon: 0221-7757-314

http://GenTra.katho-nrw.de
www.katho-nrw.de
a.schmidt-koddenberg@katho-nrw.de

Danksagung

An dieser Stelle soll den Teilnehmerinnen meiner empirischen Untersuchung gedankt werden. Ihre Bereitschaft, in den Interviews von ihrem Leben und ihrer Arbeit zu erzählen ist die Basis für den empirischen Teil dieser Arbeit. Damit einher geht der Dank an das Centre for Newcomers in Calgary für die Ermöglichung dieses Interviewprojektes. Insbesondere danke ich Teresita Lim, Sozialarbeiterin im Settlement Program, die mich in meinem Vorhaben unterstützt und den Kontakt zu den Teilnehmerinnen hergestellt hat.

Ein herzlicher Dank gebührt auch Prof. Dr. Angelika Schmidt-Koddenberg. Nicht nur für das Verfassen des Vorworts, sondern auch für die intensive Betreuung während der Erstellung der Bachelorthesis.

Ebenso bedanke ich mich bei meiner Familie, meinem Patenonkel, meinem Partner und meinen Freunden und Freundinnen für die Unterstützung und konstruktive Begleitung in allen Phasen der Erstellung der Bachelorthesis und deren Überarbeitung für die Publikation. Zusätzlich möchte ich mich bei Dr. Elke Tießler-Marenda für die Ermutigung zur Veröffentlichung und bei Prof. Dr. Nausikaa Schirilla für die Aufnahme in ihre Schriftenreihe bedanken.

Inhaltsverzeichnis

1. **Einleitung**   **1**

2. **Transnationale Migration im Rahmen der (soziologischen) Migrationsforschung**   **3**

    2.1   Zum Migrationsbegriff   3

    2.2   Spezialfall transnationale Migration   8

       2.2.1   Was ist unter transnationaler Migration zu verstehen?   9
       2.2.2   Globale Migrationsbewegungen   15
       2.2.3   Chancen, Herausforderungen und Folgen transnationaler Migration   17

3. **Domestic Work – „neue Dienstmägde"**   **19**

    3.1   Was sind „neue Dienstmägde"?   20

    3.2   Globalisierung der Haushaltsarbeit   23

       3.2.1   Push-Faktoren   23
       3.2.2   Migrationskorridore und -wege   23
       3.2.3   Global Care Chains   25

    3.3   Charakterisierung von Care-Arbeitssituationen   26

       3.3.1   Arbeitsarrangements: Live-in versus live-out   27
       3.3.2   Lebens- und Arbeitsbedingungen   27
       3.3.3   Transnationale Familie und Mutterschaft   29

4. **Philippinische Live-in Caregivers in Kanada**   **31**

    4.1   Die neue Dienstmädchenfrage in Kanada   31

    4.2   Die Philippinen und internationale (Trans-)Migration   35

5. **Eigene empirische Untersuchung**   **39**

    5.1   Zielsetzung und Fragestellung   39

    5.2   Methodologie   40

    5.3   Feldphase   43

6.   Auswertungsergebnisse   **47**

6.1 Die soziale Situation im Kontext der Migrationsbiographie   47

    6.1.1   Migrationsprozess – von der Entscheidung zur Einreise   47
    6.1.2   Vorerfahrung im Bereich Migration   51
    6.1.3   Einwanderungspläne   52
    6.1.4   Subjektives Wohlbefinden im Aufnahmeland (Kanada)   53

6.2 Die soziale Situation im familiären Kontext   54

    6.2.1   Familienform   54
    6.2.2   Herausforderungen des transnationalen Familienlebens   55
    6.2.3   Familiäre Unterstützungsstrukturen   57
    6.2.4   Bewältigungsstrategien   58

6.3 Die soziale Situation im Kontext der Care-Arbeit   58

    6.3.1   Arbeitsbedingungen   58
    6.3.2   Wohnsituation   62
    6.3.3   Bewertung der Arbeit   62
    6.3.4   Unterstützungsbedarf   65
    6.3.5   Bildung und beruflicher Hintergrund   67

7.   Fazit   **69**

Literaturverzeichnis   **73**

Anhang   **81**

Anhang 1: Migrationskorridore   81

Anhang 2: Gesprächsleitfaden   82

Anhang 3: Transkriptionsregeln   84

Abbildungsverzeichnis

Abbildung 1: Top 10 Einwanderungsländer von 2010   15

Abbildung 2: Top 10 Emigrationsländer von 2010   16

Abbildung 3: Herkunftsländer temporärer Migranten in Kanada   32

Abbildung 4: Hauptzielländer philippinischer Arbeitsmigration in 2011   36

Abbildung 5: Übersicht Kategoriensystem   43

Abbildung 6: Tabellarische Übersicht sozialer Merkmale der Stichprobe   45

Abbildung 7: Migrationskorridore 2010   81

1. Einleitung

Familienformen und das alltägliche Zusammenleben unterlagen im Laufe der Zeit zahlreichen Wandlungen. Heutzutage sind Familien mehr denn je vom Wandel betroffen, da Rahmen- und Lebensbedingungen sich immer stärker verändern und ausdifferenzieren. Im Zeitungsinterview „Gemeinsamkeit via Skype" (Villachica 2011) äußert sich das Soziologenehepaar Ulrich Beck und Elisabeth Beck-Gernsheim zu ihrem Buch „Fernliebe – Lebensform im globalen Zeitalter" (2011), in welchem sie das Familienleben sogenannter „Weltfamilien" beschreiben und analysieren. Sie sprechen damit die Expansion einer Familienform an, in der Familienmitglieder, mehr oder weniger dauerhaft, in großer physischer Distanz leben und es dennoch schaffen, engen Kontakt zu halten. Dieses Phänomen zeigt sich in verschiedenen Formen: von Heiratsmigration und daraus entstehenden binationalen Familien, über Leihmutterschaft, bis hin zum transnationalen Familienleben migrantischer Haushaltsarbeiterinnen.

Ursächlich für Letzteres ist ein gesellschaftlicher Wandel der Vorstellung von Familie. Immer weniger Familien wollen oder können nach dem traditionellen Einernährermodell leben und immer mehr Frauen gehen einer Erwerbstätigkeit nach (vgl. Apitzsch/Schmidbauer 2010, S. 13). Dies hinterlässt eine Versorgungslücke, die in vielen Fällen von Arbeitsmigrantinnen[1], von „neuen Dienstmägden" gefüllt wird. Die Umverteilung der Haushaltsarbeit geschieht also nicht zwischen den Geschlechtern, sondern vielmehr zwischen einzelnen Gruppen von Frauen (vgl. Rerrich 2010, S. 81f.). Die damit verbundene Arbeitsmigration findet jedoch häufig erst nach der Familiengründung statt. Die migrierenden Frauen lassen ihre Kinder im Heimatland zurück, während sie im Ausland arbeiten und gestalten auf diese Weise ihr Familienleben transnational.

Die Idee zum vorliegenden Forschungsprojekt entstand im Rahmen des Studiums der Sozialen Arbeit an der Katholischen Hochschule NRW, Abt. Köln, während meines Praxissemesters im Centre for Newcomers, einem Beratungszentrum für Flüchtlinge und Einwanderer in Calgary, Kanada. Dort war ich vorrangig an der Planung und Durchführung von Angeboten im Bereich der sozialen Gruppenarbeit für in Calgary arbeitende *Live-in Caregivers* beteiligt und bin der Thematik der

---

[1] Die Mehrzahl dieser Arbeitsmigranten/-innen ist weiblich. Deshalb soll nachfolgend in diesem Zusammenhang die weibliche Form verwendet werden.

Transnationalen Migration und *Care*-Arbeit begegnet. Grundlage für dieses Buch bildet meine daraus entstandene Bachelorthesis, mit der ich im November 2011 das Studium abschloss.

Gegenstand dieser Arbeit sind die Zusammenhänge zwischen Reproduktionsarbeit, weiblicher Erwerbstätigkeit und transnationaler Arbeitsmigration. Im Mittelpunkt stehen die migrierenden Frauen und ihre soziale Situation. Um das umfangreiche Thema handhabbar zu machen, wird die Analyse auf philippinische *Care*-Arbeiterinnen in Calgary beschränkt. Sie geschieht anhand einer empirischen Untersuchung mit qualitativem Design. Erkenntnisleitend ist hierbei die Frage nach der Gestaltung der sozialen Situation von philippinischen *Live-in Caregivers* in Calgary.

Die vorliegende Arbeit gliedert sich in einen theoretischen und einen empirischen Teil. Im Theorieteil sollen zunächst als thematische Einführung verschiedene Zugänge zu einer Definition und Analyse von Migration erörtert werden. Außerdem wird die Frage geklärt, was unter transnationaler Migration zu verstehen ist. Im zweiten Schritt wird auf die Thematik der „neuen Dienstmägde" eingegangen und diese in einen internationalen Rahmen gesetzt. Der Theorieteil schließt mit einem kurzen Überblick über die spezifischen Gegebenheiten in Kanada und auf den Philippinen. Im Mittelpunkt des empirischen Teils dieser Arbeit steht die eigene Untersuchung. Zunächst werden Forschungsziel und -frage geklärt, das methodische Vorgehen erläutert und die Durchführung reflektiert. Anschließend werden die Ergebnisse der Interviewauswertung anhand der Dimensionen Migration, Familie und *Care*-Arbeit dargestellt.

2. Transnationale Migration im Rahmen der (soziologischen) Migrationsforschung

2.1 Zum Migrationsbegriff

Migration gibt es schon so lange, wie es die Menschheit gibt. Schon immer sind Menschen gewandert und aus Gewohntem ausgebrochen, um ihr Glück anderswo zu suchen. Selbstverständlich haben sich über die Jahre die Erscheinungsformen, die Quantität und die Beweggründe für Migration immer wieder verändert und gewandelt.

Zahlreiche wissenschaftliche Disziplinen von der Philosophie über die Psychologie bis hin zur Geographie befassen sich mit dem Phänomen der menschlichen Wanderung. Die von Ernest George Ravenstein im *Journal of the Royal Statistical Society* publizierten „laws of migration", in denen er seine Beobachtungen zu Ursachen und Verlauf von Migration zusammenfasste (Ravenstein 1885 und 1889), gelten als Geburtsstunde der Migrationsforschung. Seitdem die Chicagoer Schule[2] und deren wichtigste Vertreter Robert E. Park, William I. Thomas, Ernest W. Burgess und Florian Znaniecki die Folgen der Massenzuwanderung in der zweiten Hälfte des 19. Jahrhunderts für die Stadt Chicago untersuchten, ist Migration auch ein Thema in der Soziologie. Gegenstand der soziologischen Migrationsforschung ist die Untersuchung von Verhaltensmustern bezüglich individueller und gesellschaftlicher Ursachen und Folgen von Migration (vgl. Oswald 2007, S. 19). Migration bedeutet dem lateinischen Wortursprung[3] nach „Wanderung". Aber was genau bezeichnen wir als Migration? Anders als in den Naturwissenschaften ist es bei sozialen Phänomenen schwierig, wenn nicht gar unmöglich, Begriffe genau und allgemeingültig zu definieren. Deshalb können wir nur annähernde Definitionen aufstellen. In der Forschungsgeschichte wurden verschiedene Begriffsannäherungen formuliert, von denen hier (u. a. in Anlehnung an Annette Treibel (vgl. Treibel 2011, S. 19)) einige angeführt werden sollen:

---

[2] In diesem Zusammenhang wichtige Publikationen: „The Polish Peasant in Europe and America" von Thomas/Znaniecki (1958), in welcher sie die Erfahrungen von polnischen Auswanderern/-innen in den USA beschreiben und „Introduction to the Science of Sociology" von Park/Burgess (1936), in welcher das Assimilationsmodell *race relation cycle* aufgestellt wird.
[3] Lat. „migrare" = wandern, wegziehen

„Migration wird – im weitesten Sinne – definiert als jede Ortsveränderung von Personen [...]." (Hoffmann-Nowotny 1970, S. 107)

„We define migration as the physical transition of an individual or a group from one
society to another. This transition usually involves abandoning one social setting and
entering another and different one." (Eisenstadt 1954, S. 1)

„[...] ‚Migration' bedeutet, daß Individuen aus einem Gesellschaftssystem in ein an-
deres überwechseln, wodurch direkt oder indirekt in beiden Systemen interne und ex-
terne Beziehungs- und Strukturveränderungen induziert werden." (Ronzani 1980,
S. 17, Hervorhebung im Original)

„In den Sozialwissenschaften werden unter dem Begriff der Migration allgemein solche Bewegungen von Personen und Personengruppen im Raum [...] verstanden, die
einen dauerhaften Wohnortwechsel [...] bedingen." (Han 2010, S. 6)

„*Migration* wird [...] verstanden als ein Prozess der räumlichen Versetzung des Le-
bensmittelpunkts, also einiger bis aller relevanten Lebensbereiche, an einen anderen
Ort, der mit der Erfahrung sozialer, politischer und / oder kultureller Grenzziehung
einhergeht." (Oswald 2007, S. 13, Hervorhebung im Original)

„Migration ist der auf Dauer angelegte bzw. dauerhaft werdende Wechsel in eine andere Gesellschaft bzw. in eine andere Region von einzelnen oder mehreren Menschen." (Treibel 2011, S. 21)

Einige dieser Definitionen sind sehr weit gefasst, während andere differenzierter
sind. Allen Definitionen gemein ist jedoch, dass sie räumlich-geographische, zeitliche und sozial-individuelle Aspekte beinhalten. Dem korrespondieren die von John
A. Jackson 1986 aufgestellten Dimensionen von Migration: räumlich, zeitlich und
soziokulturell (vgl. Jackson 1986, S. 4). Eine dem aktuellen Forschungsstand ange-
passte Definition, auf die ich mich auch im Weiteren stütze, entnehme ich Treibel:
„Von *Migration* spricht man [...] dann, *wenn Menschen ihren Lebensmittelpunkt
verlagern oder zum alten Lebensmittelpunkt ein neuer hinzukommt.*" (Treibel 2008,
S. 295, Hervorhebung im Original)

Migrationstheorien

Zu den großen Theoretikern der (soziologischen) Migrationsforschung[4] gehören
zweifelsohne (vgl. Han 2010, S. 36-60) Ernest George Ravenstein (the laws of
migration), Robert E. Park und Ernest W. Burgess mit der Chicagoer Schule (Zyk-
lenmodell der Assimilation), Shmuel N. Eisenstadt (Dreiphasenmodell der Migration), Milton M. Gordon (Assimilationstheorie), Hans-Joachim Hoffmann-Nowotny

---

[4] Da es den hier vorhandenen Rahmen sprengen würde, auf die einzelnen Ansätze und Theorien
genauer einzugehen, und diese auch nicht Hauptthema dieser Arbeit sind, soll die Benennung genü-
gen.

(Theorie struktureller und anomischer Spannungen) und Hartmut Esser (handlungstheoretisch-individualistischer Ansatz).

Bezüglich der Kategorisierung[5] verschiedener Formen der Wanderung, also der Migrationstypen, beziehe ich mich ein weiteres Mal auf Treibel (vgl. hier und im Folgenden Treibel 2011, S. 20f.). Sie unterscheidet unter *räumlichen Aspekten* zwischen *Binnenwanderung* bzw. *interner Wanderung* und *internationaler* bzw. *externer Wanderung*. Es geht demnach zum einen um die im Migrationsprozess zurückgelegte räumliche Distanz und zum anderen um nationalstaatliche Grenzen. Im Hinblick auf den *Aspekt der Zeit* gibt es *begrenzte* bzw. *temporäre* und *dauerhafte* bzw. *permanente Wanderungen*. Die Aufenthaltsdauer im Aufnahmeland ist also entscheidend. Drittens kann im Bereich der *Migrationsmotivation* zwischen *freiwilliger* und *erzwungener Wanderung* unterschieden werden. Als freiwillige Migration gilt Arbeitsmigration und als erzwungene Migration Vertreibung und Flucht. Allerdings ist hierbei zu beachten, dass nicht immer genau zu erkennen ist, in welchem Maße eine Wanderung freiwillig ist. Sind Menschen, die ihr Land wegen Perspektivlosigkeit verlassen, um anderswo ihr Glück zu suchen, aber nicht direkt bedroht oder vertrieben sind, nun Arbeitsmigranten/-innen oder Flüchtlinge? Nicht zuletzt kann man auch nach dem *Umfang* der Migration unterscheiden. Es gibt *Einzel-/ Individualwanderung, Gruppen-/ Kollektivwanderung* und *Massenwanderung*.

Ursachen- und Motivforschung

Als Ursachen werden die objektiven Rahmen- und Umweltbedingungen betrachtet; Motive hingegen sind die individuellen Reaktionen auf die Ursachen (vgl. Oswald 2007, S. 69). Vereinfacht ausgedrückt sind seit jeher die Suche nach Arbeit und der Schutz vor Verfolgung Motive für Migration (vgl. Treibel 2011, S. 21). Es ist jedoch wichtig zu beachten, dass Migrationsentscheidungen selten monokausal sind, sondern meist ein Ergebnis des Zusammenwirkens vieler verschiedener Faktoren und Determinanten.

In der Ursachen- und Motivforschung fand lange Zeit das Push-Pull-Modell[6] Anwendung. Als Push-Faktoren kommen hier Umstände im Heimatland ins Spiel, die

---

[5] Eine ebenso hilfreiche Typologie findet sich bei Ludger Pries (vgl. Pries 2010, S. 59). Er unterscheidet vier Idealtypen (Emigration/Immigration, Rückkehrmigration, Diasporamigration und Transmigration), die anhand der Dimensionen Verhältnis zur Herkunftsregion, Verhältnis zur Ankunftsregion, typischer Migrationskontext und Zeithorizont beschrieben werden.
[6] Das Push-Pull-Modell wird auf einen 1972 verfassten Aufsatz von Everett S. Lee zurückgeführt: „Eine Theorie der Wanderung" (vgl. Treibel 2011, S. 40).

die Migrationsentscheidung begründen oder befördern. Mit Pull-Faktoren werden jene Aspekte bezeichnet, die das Aufnahmeland attraktiv machen, die anziehend sind und somit die Migrationsentscheidung vorantreiben. In diesen Bereich gehören auch die „neoklassischen Migrationstheorien", deren wichtigste Vertreter Michael P. Todaro, Larry A. Sjaastad und George J. Borjas sind (vgl. hier und im Folgenden Parnreiter 2000, S. 27ff.). Sie führen Migration vor allem auf Lohndifferentiale zurück. Im Fokus steht das „an Gewinnmaximierung orientierte Individuum, das sich aufgrund eines Vergleiches zweier Regionen/Länder dafür entscheidet, dorthin zu migrieren, wo es die größten Nettovorteile zu erwarten hat" (Parnreiter 2000, S. 27). Dem ähnlich, jedoch mehr auf die Makroebene abzielend, ist die von Michael J. Piore geprägte „Theorie des dualen Arbeitsmarktes". Sie geht davon aus, dass die Arbeitsmärkte in modernen Industriestaaten in primäre und sekundäre Bereiche geteilt sind. Weil der sekundäre Bereich durch niedrige Löhne und schlechte Arbeitsbedingungen gekennzeichnet ist, wird er von einheimischen Arbeitskräften gemieden und so für immigrierende Arbeitskräfte frei, die dafür mitunter auch aktiv angeworben werden.

Aus heutiger Sicht erscheinen diese Modelle häufig zu eindimensional. Es ist davon auszugehen, dass Migrationsentscheidungen auf viel mehr als nur auf dem individuellen Abwägen der Push- und Pull-Faktoren oder dem Vorhandensein von Lohnunterschieden basieren. In diesem Zusammenhang ist der Ansatz der „New Economics of Migration" von Oded Stark (1991) anzuführen. Er vertritt die Auffassung, dass Migrationsentscheidungen nicht vom migrierenden Individuum allein gefällt werden: „Migration decisions are often made jointly by the migrant and by some group of nonmigrants" (Stark 1991, S. 25). Im Mittelpunkt des Modells steht also nicht mehr der/die Einzelne, sondern die gegenseitige Abhängigkeit einzelner Individuen (vgl. hier und im Folgenden Stark 1991, S. 3f.). Migration wird hier als kollektive und kalkulierte Strategie gesehen. Durch die Migration eines Gruppenmitglieds und die Remittenden von ihm/ihr kann beispielsweise das Kapital gewonnen werden, was der Familie zur Modernisierung des eigenen ländlichen Betriebes fehlt, um mit konkurrierenden Betrieben mithalten zu können. Ursächlich für Migration sind in diesem Fall also nicht optimal funktionierende Kreditmärkte. Desweiteren ist Stark wichtig, nicht nur Lohnunterschiede als Gründe zu betrachten, sondern auch Determinanten wie Einkommensunsicherheit, relative Verarmung und Risikoverminderung.

Kurzer historischer Abriss

Historisch gesehen unterscheidet Treibel drei große Wanderungsströme.[7] Dabei ist zu beachten, dass es immer schon Wanderungen gegeben hat, davon zeugen nicht zuletzt biblische Erzählungen. Außerdem ist es wichtig, die einzelnen Verläufe immer im historischen Kontext zu betrachten. Zunächst ist die durch die fortschreitende Industrialisierung und dem damit verbundenen Wandel von einer Agrar- zu einer Industriegesellschaft im 19. Jahrhundert stattfindende *Land-Stadt-Wanderung* („Landflucht") anzuführen (vgl. hier und im Folgenden Treibel 2011, S. 25-38). Weiterhin ist die *Interkontinentale Wanderung* im 19. und 20. Jahrhundert, insbesondere in die USA, zu nennen. Diese hatte den Charakter einer Massenwanderung, die von einem unvergleichlichen Aufbruchsgeist geprägt war. Und nicht zuletzt die *Kontinentale Wanderung*, z. B. die Zuwanderung von Aussiedlern/-innen und Spätaussiedlern/-innen oder die Gastarbeiteranwerbung aus den Mittelmeerstaaten in den 60er Jahren nach Deutschland. Ingrid Oswald fügt noch den Aspekt der *Kolonialen Wanderung* hinzu – er betrifft in Europa hauptsächlich Frankreich, das Vereinigte Königreich und die Niederlande (vgl. hier und im Folgenden Oswald 2007, S. 43-64). Außerdem spricht sie die durch die Bildung der Nationalstaaten im 18. und 19. Jahrhundert entstandenen gewaltigen Umwälzungen in der europäischen Politiklandschaft und die damit einhergehenden, durch Grenzziehung hervorgerufenen Wanderungen an. Schließlich dürfen auch die durch den zweiten Weltkrieg entstandenen Flüchtlings- und Wanderungsströme nicht außer Acht gelassen werden.

Migration und Globalisierung

Das allgegenwärtige Thema Globalisierung ist natürlich auch in Bezug auf die Migration von Bedeutung. In Anlehnung an Oswald und Nuscheler können einige Thesen in diesem Zusammenhang aufgestellt werden. Wirkungszusammenhänge von Globalisierung und Migration (vgl. Oswald 2007, S. 144 und Nuscheler 2009, S. 26f.) sind:

---

[7] Treibel und Oswald beziehen sich ausschließlich auf Migrationsbewegungen im europäischen Kontext. Dies spiegelt einen wiederkehrenden eurozentristischen Blick in der europäischen (und auch angelsächsischen) Migrationsforschung. Es zeigt sich ein Forschungsdesiderat zu umfassenderen Perspektiven; beispielsweise auf die Migrationsgeschichte Afrikas und Asiens und deren Einordnung in einen globalen Zusammenhang. Diese Problematik thematisiert der Historiker Adam McKeown in seinem Aufsatz „Global Migration, 1864-1940" (2004) und versucht ihr entgegenzuwirken. Im Rahmen dieser Arbeit und ihrer Fragestellung kann darauf jedoch nicht näher eingegangen werden.

- Die durch die Umwälzung des Verkehrswesens und die Entgrenzung von Nationalstaaten (EU-Freizügigkeit) erzeugte Verengung der geographischen Räume erhöht die Mobilität der Menschen.
- Die Umstrukturierung der Arbeitswelt durch die Entgrenzung nationalstaatlicher Ökonomien, die Deregulierung der Märkte und die Verteilung der Macht auf *global players* erzeugt eine soziale Klassendifferenzierung der Migration.
- Die Internationalisierung der Wissenschaft und Forschung fördert die Elitenmigration (entspricht dem *Brain Drain*, siehe Abschnitt 2.2.3 dieser Arbeit).
- Die Digitalisierung und Vernetzung der Welt durch die Revolutionierung der Telekommunikationstechniken erzeugt verstärkt Migrationsanreize, indem Vorstellungen vom „besseren Leben" weltweit transportiert werden.

Letzteres ist wohl einer der bedeutendsten Faktoren für die Entstehung von einer Sonderform von Migration, der transnationalen Migration. Auf diese soll im nächsten Punkt eingegangen werden.

2.2 Spezialfall transnationale Migration

Der Fokus der klassischen Migrationsforschung lag bis in die 1980er Jahre hinein auf dem Verhältnis zwischen Aufnahmegesellschaft und (Im-)Migrant/-in (vgl. hier und im Folgenden Han 2010, S. 60f.). In deskriptiv-klassifikatorischen Sequenz- und Zyklenmodellen wurde analysiert, wie sich die Einwanderer/-innen in die Aufnahmegesellschaft eingliedern und neu beheimaten. Es wurde von einem bipolaren Verhältnis ausgegangen, das von einseitigen Migrationsströmen (von Entsendeland ins Aufnahmeland) geprägt war. Anfang der 1990er Jahre wurde vor allem in den USA eine neue Form der Migration beobachtet, die in erster Linie Immigranten/-innen aus Mexiko, den Philippinen und karibischen Ländern betraf. Es war auffällig, dass sie sich zwischen den USA und ihrem Herkunftsland hin- und her bewegten und trotz der Niederlassung in den USA starke soziale Bindungen in ihr Heimatland pflegten.

Die bis dahin populären Konzepte der *Immigration* oder der *Migration* gingen davon aus, dass Menschen migrieren, um sich im Aufnahmeland niederzulassen, oder aber um zu arbeiten und dann wieder in ihr Heimatland zurückzukehren oder weiterzuziehen (vgl. Basch/Glick Schiller/Szanton Blanc 1994, S. 3f.). Diese dichotomen Vorstellungen reichten allerdings nicht mehr aus, um die neuen Entwicklungen zu beschreiben (vgl. ebd.).

Um diese neuen Beobachtungen theoretisch besser fassen zu können, wurde das Konzept des Transnationalismus / der Transnationalisierung aufgestellt.

2.2.1 Was ist unter transnationaler Migration zu verstehen?

Um transnationale Migration zu erklären, muss folglich das dahinter stehende Konstrukt Transnationalismus erläutert werden. Federführend bei der Entwicklung dieses Ansatzes waren unter anderem Linda Basch, Nina Glick Schiller und Cristina Szanton Blanc. Sie veröffentlichten 1994 eine Studie in ihrem Buch „Nations unbound: transnational projects, postcolonial predicaments, and deterritorialized nation-states." (Basch/Glick Schiller/Szanton Blanc 1994), in welcher sie das Migrationsverhalten von haitianischen, grenadischen, vincentischen und philippinischen Migranten/-innen in den USA zu Beginn der 1990er Jahre beobachtet, analysiert und verglichen haben. Mit den Ergebnissen der Analyse stellten sie erste Überlegungen zum Ansatz des Transnationalismus auf und fassten gleichzeitig die damalige Transnationalismus-Debatte innerhalb der Migrationsforschung zusammen. Sie kommen auf folgende Definition:

> „We define 'transnationalism' as the process by which immigrants forge and sustain multi-stranded social relations that link together their societies of origin and settlement. We call these processes transnationalism to emphasize that many immigrants today build social fields that cross geographic, cultural, and political borders. Immigrants who develop and maintain multiple relationships – familial, economic, social, organizational, religious and political – that span borders we call 'transmigrants'." (Basch/Glick Schiller/Szanton Blanc 1994, S. 7; Hervorhebung im Original)

Die Autorinnen stellen aufgrund ihrer Beobachtungen vier Prämissen des Transnationalismus auf (vgl. Basch/Glick Schiller/Szanton Blanc 1994, S. 23-45; dt. Übersetzung der Prämissen nach Pries 2008, S. 190):

a) Transnationale Migration ist unauflöslich mit der Entwicklung des globalen Kapitalismus und damit der globalen Kapital-Arbeit-Beziehungen verbunden.

Prämisse a) stützt sich auf die historisch entwickelte Produktionsform Kapitalismus. Die globaler werdenden Beziehungen zwischen der Kapitaleignerklasse (ist im Besitz des Produktionskapitals) und der Arbeiterklasse (produziert Mehrwert) werden als Grund für die Entwicklung transnationaler Migration gesehen. In der ersten Hälfte der 1970er Jahre verlagerten die ersten Industriestaaten Teile ihrer

Produktionen in Peripherieländer, um Kosten zu senken. Daraufhin wurde die industrielle Produktion in den Industriestaaten sukzessive abgebaut, es fand eine grundlegende Transformation der Wirtschaft statt, die meist Deindustrialisierung genannt wird. Dies induzierte weltweit eine grundlegende Restrukturierung der Wirtschaft, welche auch die lokale Wirtschaft in „Drittweltländern" grundlegend veränderte. Durch große Anleihen dieser Länder bei der Weltbank und ähnlichen Institutionen, die ursprünglich beim Aufbau der Wirtschaft helfen sollten, fand eine hohe Verschuldung statt. Gleichzeitig stieg die Land-Stadt-Wanderung, was ein Überangebot an Arbeitskraft zur Folge hatte, welche die kleinen Produktionsstätten nicht befriedigen konnten. Also blieb den Menschen nur die Migration, auch wenn die Aufnahmeländer keine Kapazität hatten.

b) Transnationalismus ist als Prozess zu verstehen, in dem Migranten[/-innen] durch ihre Alltagspraxis und ihre sozialen, wirtschaftlichen und politischen Beziehungen soziale Felder konstruieren, die die Grenzen von Nationalstaaten überschreiten.

Der Fokus des Konzeptes Transnationalismus liegt auf den Beziehungen zwischen Menschen und auf der Bewegung von Ideen und Waren. Der Begriff „transnational" soll die Geschmeidigkeit verdeutlichen, mit welcher Ideen, Waren, Kapital und Menschen sich über nationalstaatliche Grenzen hinweg bewegen. Migranten/-innen definieren durch ihre transnationale Alltagspraxis Räumlichkeit so, dass das Leben gleichzeitig in zwei oder mehreren Nationalstaaten möglich ist. Es entstehen sogenannte transnationale Räume, in denen hierarchische soziale Strukturen weitergelebt werden.

c) Sozialwissenschaftliche Forschungsperspektiven, die an Konzepten wie Ethnie, Rasse oder Nation gebunden sind, können transnationale Phänomene weder angemessen wahrnehmen noch analysieren.

Bevor das Konzept des Transnationalismus entwickelt wurde, gab es schon Veröffentlichungen, die die Bewegungen von Migranten/-innen zwischen verschiedenen Orten beschrieben. Allerdings war es nicht möglich, den Aspekt der andauernden Verbindung zu konzeptualisieren. Die Autorinnen führen diese Begrenztheit auf die Verwendung von rigiden Konzepten wie Ethnie, Rasse und Nation zurück, die Forscher/-innen in ihrer Offenheit für die Prozesshaftigkeit kultureller und sozialer Konstruktionen einschränken.

d) Indem transnationale Migranten[/-innen] oder ,transmigrants' grenzüberschreitend leben, sind sie mit den Nationenkonzepten mehrerer Staaten konfrontiert und damit auch mit entsprechend vorstrukturierten Vorstellungen z. B. von Ethnie, Rasse und Nation.

Die Autorinnen weisen darauf hin, dass die Kategorien Ethnie, Rasse und Nation auf hegemoniale Strukturen innerhalb von Nationalstaaten aufbauen. Transnationale Migranten/-innen sind von solchen Konstrukten geprägt und an deren Weiterführung beteiligt.

Seit Basch, Glick Schiller und Szanton Blanc ist die transnationale Migration zu einem populären Forschungsfeld geworden. Im deutschsprachigen Raum sind unter anderen Ludger Pries (1999, 2006, 2008, 2010) und Thomas Faist (1999, 2000, 2004, 2010, 2011) zu nennen. An dieser Stelle ist hinzuzufügen, dass Tendenzen zur Transnationalisierung nicht nur für Migration beobachtet werden, sondern in allen Lebensbereichen. Zum Beispiel gibt es transnationale Wirtschaftsunternehmen, die über nationalstaatliche Grenzen hinweg operieren, oder transnationale Institutionen wie die Vereinten Nationen. Diesen Fragen geht unter anderen Pries in seiner Publikation „Die Transnationalisierung der sozialen Welt" (2008) nach. Da sich meine Arbeit aber auf transnationale Migration bezieht, beschränke ich mich im Weiteren darauf.

Charakterisierung transnationaler Migration

Mit dem Modell des Transnationalismus im Hinterkopf soll nun auf die transnationale Migration eingegangen werden. Charakteristisch für transnationale Migration ist, dass sich das Leben ihrer Akteure/-innen zunehmend zwischen mehreren geographischen Räumen abspielt (vgl. Parnreiter 2000, S. 38). Hinzu kommt der Aspekt der nationalstaatlichen Grenze: „Für den [die] Transmigranten[/-in] spannt sich der alltagsweltliche Lebensraum pluri-lokal über Ländergrenzen hinweg zwischen verschiedenen Orten auf" (Pries 2010, S. 61). Sie pendeln sozusagen zwischen den beiden Ländern, das Leben muss nicht mehr konsequent an dem einen oder dem anderen Ort stattfinden (vgl. Parnreiter 2000, S. 39). Allerdings geht transnationale Migration über das Pendeln hinaus: bei Sesshaftwerdung im Aufnahmeland werden starke Bindungen zum Herkunftsland beibehalten (vgl. Parnreiter 2000, S. 38). Durch „multiples Involviertsein" (Basch/Glick Schiller/Szanton Blanc 1994, S. 7) in der Residenzgesellschaft *und* in der Heimatgesellschaft entstehen neue soziale Räume, die von geographischen oder nationalstaatlichen Begrenzungen gelöst sind. Dieses Involviertsein zeigt sich einerseits durch *physische Mobilität* zwischen den einzelnen Ländern – beispielsweise zu besonderen familiären Anlässen – und andererseits durch *mentale Mobilität* (vgl. Pries 2010, S. 66). „Ihre alltagsweltlichen Aufmerksamkeitsstrukturen, Aktivitäten und Erfahrungen sind nicht nur auf den Ort fixiert, an dem sie sich körperlich aufhalten, sondern spannen sich transnational über verschiedene Orte auf" (ebd.).

Man könnte nun argumentieren, dass auch die „klassischen" Migranten/-innen soziale Beziehungen in ihre Heimatländer gepflegt haben (vgl. hier und im Folgenden Pries 2010, S. 13f. und 2008, S. 49f.). Dieser Einwand kann jedoch widerlegt werden. Im Fall der klassischen Migration beschränkten sich die sozialen Beziehungen in die Heimat auf gelegentliche Briefe, das Heimweh der Gewanderten und das Fernweh der Zurückgebliebenen. Das Leben an sich, der Alltag fand aber getrennt im jeweiligen Land statt. In der heutigen Zeit ist es durch die Entwicklungen der Kommunikationstechnik und der Transportwege erheblich einfacher, in engem Kontakt zu bleiben. So kann beispielsweise heutzutage jede/-r problemlos und vergleichsweise günstig von Kanada in die philippinische Provinz telefonieren und Fluggesellschaften bieten Sonderangebote für Flüge innerhalb der großen Migrationskorridore an. Die sozialen Bindungen gewinnen im Vergleich zu früher so an Intensität und Tiefe, sie sind aber dennoch nicht vergleichbar mit einer echten *Face-to-Face*-Begegnung.

Entstehungsgründe

Als Gründe für die Entstehung transnationaler Migration werden in der Literatur mehrere Aspekte genannt. Eine Zusammenstellung von Petrus Han ist an dieser Stelle hilfreich. Er betrachtet die folgenden strukturellen Bedingungen als Gründe für das geänderte Migrationsverhalten (vgl. hier und im Folgenden Han 2010, S. 61ff.):

Erstens die *Globalisierung der Wirtschaft* (vergleichbar mit Prämisse a) von Basch/Glick Schiller/Szanton Blanc): Die durch die Energiekrise in den 1970ern ausgelösten Umwälzungen in der Wirtschaft (Kostensenkung durch neue Produktionstechniken, Rationalisierung der Produktionsverfahren, etc.) und die damit einhergehende Verlagerung der Produktion in sog. *Off-Shore*-Länder führen zu einer zunehmenden ökonomischen Globalisierung. Die Investitionen in „Drittweltländern" verändern massiv die dortigen lokalen Wirtschaftsstrukturen. Dies setzt Arbeitskräfte frei, die dann migrieren müssen, um Arbeit zu finden. Allerdings ist unter den veränderten Lebensbedingungen der Aufnahmeländer der Aufbau einer sicheren Existenz nicht möglich, sodass ein transnationales Leben entsteht.

Zweitens die *Entstehung von transnationalen Familien:* Ehemalige koloniale Strukturen zwischen den USA und Mexiko, den Philippinen, sowie den karibischen Ländern sind für ein einzigartiges Migrationssystem verantwortlich, in dem es fast normal ist, der Arbeit wegen zu migrieren. Es gibt also viele Familien, deren Angehörige in den USA arbeiten, das Familienleben spielt sich allerdings im Heimatland ab. So entsteht eine zwischenstaatliche Mobilität, die das Entstehen von transnationalen Räumen und dadurch von Transnationalität möglich macht.

Drittens die *Politik der Herkunftsländer zur Reintegration ihrer Emigranten/-innen in die nationale Kultur und Wirtschaft:* Vor allem die ehemaligen Kolonialländer bemühen sich, die verstreuten Bürger/-innen ihrer Länder wieder ins Heimatland zu integrieren. Dafür werden Maßnahmen getroffen, wie zum Beispiel das Einführen der doppelten Staatsbürgerschaft in Portugal. Außerdem sind die Heimatländer daran interessiert, das durch Migration erworbene Ideenkapital ihrer Emigranten/-innen für die Entwicklung des eigenen Staates zu nutzen.

Viertens sind Immigranten/-innen im Aufnahmeland nicht selten mit *sozialen und rassischen Diskriminierungen und Segregationen* konfrontiert.[8] Ein Rückzug in transnationale soziale Räume ist eine logische Folge. Dies betrifft gleichsam diejenigen, die aufgrund ihrer niedrigen sozialen Herkunft Probleme bei der Integration in die Aufnahmegesellschaft haben, wie auch jene, die sich aufgrund eines höheren sozialen Status relativ schnell anpassen können.

Fünftens wurden durch die *Entwicklungen der Informations-, Kommunikations-, und Transporttechnologien* die Mobilität, Kontaktmöglichkeiten und die Möglichkeit zum Informationsaustausch massiv vergrößert und erleichtert.

Transnationale soziale Räume

Menschen, die sich transnational über nationalstaatliche Grenzen hinweg zwischen verschiedenen geographischen Räumen bewegen und dabei soziale Netzwerke knüpfen, erzeugen transnationale soziale Räume. Faist definiert sie folgendermaßen: „Transnationale Räume sind Bindungen von Menschen, Netzwerken, Gemeinschaften und Organisationen, die über Grenzen von mehreren Staaten hinweg bestehen" (Faist 2004, S. 83). Er unterscheidet für die Differenzierung transnationaler sozialer Räume zwei Dimensionen: das „Ausmaß der Formalisierung" und die „Zeitdauer" (vgl. hier und im Folgenden ebd., S. 85-91). Das Ausmaß der Formalisierung kann sich dabei auf die Organisationsstruktur oder die geteilten Werte und Symbole beziehen. So sind beispielsweise Netzwerke weniger stark formalisiert als

---

[8] Han bezieht sich hier in erster Linie auf die USA. Ähnliche Beobachtungen können sicherlich auch in anderen Ländern gemacht werden.

Organisationen, weil sie weniger hierarchische Strukturen haben. Aus diesen zwei Dimensionen lassen sich vier Typen transnationaler sozialer Räume ableiten:

- *Kontaktfelder von Gütern, Personen, Ideen und Praktiken* (geringes Maß an Formalisierung und relative Kurzlebigkeit): Kreisläufe von Gütern, Austausch von Ideen und Praktiken.
- *Transnationale Kleingruppen* (hoher Grad an Formalisierung und kurze Lebensdauer): transnationale Familien und Verwandtschaftssysteme, gekennzeichnet durch Reziprozität und Solidarität innerhalb des Familienbandes.
- *Themenzentrierte Netzwerke* (eher wenig formalisiert, aber langlebig): kooperieren zu bestimmten Zielen.
- *Transnationale Gemeinschaften* (hoher Grad an Formalisierung und Langlebigkeit): Dorfgemeinschaften, Religionsgemeinschaften, Diaspora, Exil und ethnische Auslandsgemeinschaften.

Zur Entstehung transnationaler sozialer Räume und transnationaler Identitäten stellt Han folgendes Ablaufschema auf (vgl. Han 2010, S. 68ff.). Zu Beginn steht immer die *transnationale Familie*, die sich bemüht, verwandtschaftliche Familienbande zu erhalten. Daraus entstehen dann *transnationale soziale Netzwerke*, die sich an den Wertvorstellungen, Lebenspraktiken und der Geschichte der gemeinsamen Ethnie orientieren. Diese werden zu *transnationalen Gemeinden*, in denen die Transmigranten/-innen ihren sozialen Status und ihre gesellschaftliche Positionierung behaupten wollen. Innerhalb dieser Gemeinden agieren Transmigranten/-innen im Rahmen *transnationaler sozialer Felder* wie Wirtschaft, Politik, Kultur und Religion. In diesen Bereichen versuchen sie, Verbindungen zwischen der Residenz- und der Herkunftsgesellschaft zu finden. *Transnationale Organisationen* entstehen daraufhin durch die Formalisierung individueller transnationaler Netzwerke. All dies formiert das *transnationale Leben* – es findet auf allen Ebenen statt. Daraus bildet sich die *transnationale Identität*, sie kann durchaus persönliche Spannungen auslösen (siehe Kap. 2.2.4). Das transnationale Leben kennzeichnet sich durch „Anpassungsbemühungen an die sich globalisierende und ent-territorialisierende Welt" (Han 2010, S. 71).

2.2.2 Globale Migrationsbewegungen

Die International Organization of Migration (IOM) geht von 214 Millionen Menschen (3,1% der Weltbevölkerung) aus, die nicht in ihrem Geburtsland leben (IOM 2010, S. 115). Diesbezüglich lassen sich einige Trends und Migrationskorridore differenzieren.
    Die USA führen 2010 mit großem Abstand (42,8 Mio.) die Liste der Länder mit den meisten Einwanderern/-innen an, gefolgt von Russland (12,3 Mio.), Deutschland (10,8), Saudi Arabien (7,3) und Kanada (7,2) (vgl. Weltbank 2011b, S. 1). Setzt man diese Zahlen allerdings in Relation zur Einwohnerzahl, ändert sich die Reihenfolge und die arabischen Golfstaaten (Top 1: Katar mit 86,5 % der Bevölkerung) führen neben Monaco (71,6 %) die Liste an (vgl. ebd., S. 2).

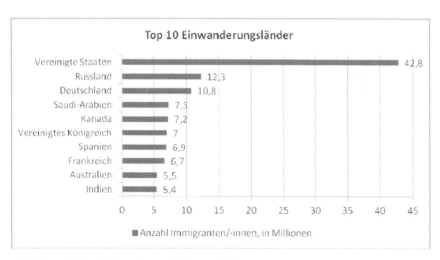

Abbildung 1: Top 10 Einwanderungsländer von 2010
Quelle: Weltbank 2011b, S. 1; eigene Darstellung

Zwischen 2005 und 2010 war die USA zwar weitgehend das Land mit der höchsten Migrationsrate, aber in Spanien, Italien und Großbritannien stieg die Rate durch Einwanderung aus Osteuropa, Lateinamerika und Nordafrika erheblich an (vgl. Weltbank 2011b, S. ix). Außerdem erfuhren die Länder des Gulf Cooperation Council (Bahrain, Kuwait, Oman, Katar, Saudi Arabien und Vereinigte Arabische Emirate) eine Migrationswelle – hauptsächlich aus Süd- und Ostasien (vgl. ebd.).

Die Länder mit den meisten Emigranten/-innen waren im Jahr 2010 Mexiko (11,9 Mio.), Indien (11,4), Russland (11,1), China (8,3) und Ukraine (6,6) (vgl. Weltbank 2011b, S. 3). Bemerkenswert ist, dass sich einige der Top 10 Länder mit den meisten Emigrationen auch in den Top 10 der Aufnahmeländer finden, nämlich Russland, das Vereinigte Königreich und Indien (vgl. Abb. 1 und Abb. 2).

Der größte Migrationskorridor (eine Liste mit den 30 bedeutendsten Migrationsströmen findet sich im Anhang) war mit 11,6 Millionen Immigranten/-innen im Jahr 2010 der zwischen Mexiko und den USA. Außerdem bestehen bedeutsame Verbindungen zwischen den USA und den Philippinen, Indien und Puerto Rico (jeweils 1,7 Mio.) (vgl. hier und im Folgenden Weltbank 2011b, S. 5). Weitere große Migrationsströme sind zwischen Russland und den ehemaligen Ländern der Sowjetunion zu finden. Zum Beispiel: Russland – Ukraine (3,7 Mio.) bzw. Ukraine – Russland (3,6) oder Kasachstan – Russland (2,6) bzw. Russland – Kasachstan (2,2). Darüber hinaus werden noch weitere Verbindungen deutlich. Beispielsweise zwischen Bangladesch und Indien: Bangladesch – Indien (3,3 Mio.) und Indien – Bangladesch (1,1). Oder zwischen der Türkei und Deutschland (2,7 Mio.), China und Hongkong (2,2) oder Indien und den Vereinigten Arabischen Emiraten (2,2).

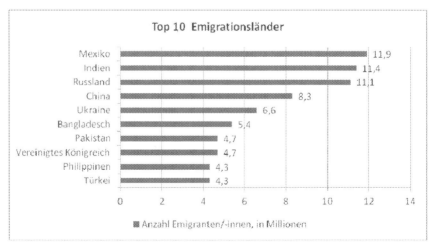

Abbildung 2: Top 10 Emigrationsländer von 2010
Quelle: Weltbank 2011b, S. 3; eigene Darstellung

2.2.3   Chancen, Herausforderungen und Folgen transnationaler Migration

Transnationale Migration birgt auf individueller und auf gesellschaftlich-politischer Ebene Chancen und Herausforderungen. Einige möchte ich hier beispielhaft anführen, für eine detaillierte Analyse reicht der in dieser Arbeit zur Verfügung stehende Raum nicht aus. Manches gilt sicherlich auch für Migration allgemein, mein Augenmerk liegt aber auf transnationaler Migration.

Auf individueller Ebene ist zunächst die psychosoziale Seite des/der Transmigranten/-in zu sehen. Das Leben zwischen zwei oder mehreren geographischen Räumen und das möglicherweise damit einhergehende „Hin-und-Hergerissen-Sein zwischen unterschiedlichen klimatischen, geographischen, kulturellen, politischen, wirtschaftlichen und sozialen Kontexten" (Pries 2010, S. 67) kann als Belastung wahrgenommen werden. Ebenso ist es möglich, sich in den eigenen Entwicklungschancen eingeschränkt zu fühlen, weil man beispielsweise erwerbstätig ist, um die Familie in der Heimat finanziell unterstützen zu können, anstatt ein Studium zu absolvieren (vgl. Basch/Glick Schiller/Szanton Blanc 1994, S. 241). Gleichzeitig kann aber auch die durch die Transnationalität entstehende Möglichkeitserweiterung als Chance gesehen werden. „[D]ie kulturellen Möglichkeiten, die Erwerbschancen, die Verdoppelung der sozialen Beziehungsnetzwerke, das Wissen um und Ausschöpfen von doppelten Gelegenheitsstrukturen in den verschiedensten Lebensbereichen (Wohnen, Gesundheit-Krankheit, Lernen-Wissen, Sprache-Kultur, Klima-Landschaften etc.)" (Pries 2010, S. 67) sind hier zu nennen.

Die familiäre Seite der individuellen Ebene ist vor allem durch das räumliche Getrenntsein der Familienmitglieder gekennzeichnet, was eine psychische und emotionale Herausforderung für alle Beteiligten bedeutet. Außerdem ist es nicht einfach und erfordert einiges Organisationstalent, das Familiengeschehen (Pflegesituationen, Beschäftigungsverhältnisse, Finanzen, etc.) über eine große räumliche Distanz zu koordinieren. Ökonomisch gesehen ist die transnationale Migration vor allem für die im Herkunftsland Gebliebenen, die mittels Remittenden finanziell unterstützt werden, lohnenswert. Wie schon im Ansatz der „New Economics of Migration" (siehe S. 5) erwähnt, ermöglichen diese bisweilen den Ausbau des häuslichen Wirtschaftsunternehmens und helfen so möglicherweise, den Familienbetrieb zu erhalten. In anderen Fällen ermöglichen sie weiteren Familienmitgliedern ebenfalls zu migrieren. Eine Chance für den/die Transmigranten/-in ist der Aufbau eines transnationalen Unternehmens, in welchem die Kenntnisse der kulturellen, politischen, ökonomischen und religiösen Normen der beiden Gesellschaften genutzt werden können.

Auf gesellschaftlicher Ebene sind vor allem im wirtschaftlichen Sektor Chancen und Herausforderungen zu erkennen. Als Erstes ist der Vorgang des *Brain Drain* zu nennen. Er stützt sich auf die Tatsache, dass viele hochqualifizierte Wissenschaftler/-innen, Fachkräfte und Intellektuelle aus ihren Heimatländern auswandern und somit dem Land menschliches Kapital verloren geht (vgl. Han 2010, S. 29 und 167). In diesem Zusammenhang bestehen einige Bemühungen der Heimatländer, den *Brain Drain* rückgängig zu machen, was das Entstehen von transnationalen sozialen Räumen fördert. Es ist jedoch wichtig, nicht nur die negative Seite der Abwanderung von Bürgern/-innen zu betrachten. Von ihnen gegründete transnationale Organisationen initiieren beispielsweise Entwicklungs- oder Bildungsprojekte in den Heimatländern oder leisten Katastrophenhilfe (vgl. Basch/Glick Schiller/Szanton Blanc 1994, S. 248). Für die Aufnahmeländer ergibt sich soziokulturell eine Unterschichtung der Gesellschaft durch das Nachrücken migrantischer Arbeitskräfte in die Lücken des sekundären Arbeitsmarktes. Kulturell erleben die Aufnahmeländer eine Diversifizierung der Lebensformen und Alltagspraktiken. Die multikulturelle Prägung der Gesellschaft wird verstärkt – dies kann im günstigen Fall als Chance gesehen werden, ist aber sicherlich auch eine Herausforderung.

Auf politischer Ebene ist anzumerken, dass die Bemühungen transnational lebender Bürger/-innen schon dafür gesorgt haben, Regime zu stürzen und politischen Wandel einzufordern (vgl. Basch/Glick Schiller/Szanton Blanc 1994, S. 251). Hier ist das Beispiel der ehemaligen Präsidentin der Philippinen Corazon Aquino anzuführen. Sie konnte unter anderem an die Macht kommen und das diktatorische Marcos-Regime beenden, weil in den USA angesiedelte transnationale Organisationen sie im Wahlkampf unterstützt und für sie geworben haben (vgl. ebd.).

3. Domestic Work – „neue Dienstmägde"

Die globale Erscheinung der „neuen Dienstmägde", also der Frauen, die in Privathaushalten als Haushaltshilfen, Putzhilfen, Kindermädchen oder Pflegekräfte arbeiten, ist seit mehreren Jahren ein Thema in Forschung und Praxis. Auch wenn es länderspezifisch gravierende Unterschiede bezüglich der Wohn- und Arbeitsbedingungen gibt, tritt diese Form von Arbeitsdelegation in allen postindustriellen Gesellschaften (Nordamerika und Teile Europas), in den *newly industrialized countries* in Asien und in den Ölstaaten entlang des Arabischen Golfs auf.

In der deutschsprachigen Forschung taucht mitunter der Begriff „neue Dienstmädchen / Dienstmägde" auf, da die Umstände ähnlich sind, wie die der Dienstmädchen im 19. und frühen 20. Jahrhundert. Frauen migrieren, um in Privathaushalten die Betreuung von Kindern, Kranken, Alten oder Behinderten, bzw. die Haushaltsarbeit, wie Putzen, Kochen, Waschen, etc., zu übernehmen. Allerdings stehen die sozialen Merkmale der damaligen Arbeitsmigrantinnen im Kontrast zu den heutigen. Es handelte sich damals um junge ledige Frauen aus armen Familien mit niedrigem Bildungsniveau, die die mehrheitlich *live-in* ausgeführte Arbeit übernahmen (vgl. Lutz 2007, S. 24ff.). Der Unterschied zwischen Arbeitgeber[9] und Angestellter ist heute „nicht die soziale Klasse, sondern die Herkunft, hier als Ethnizität / Nationalität gekennzeichnet" (ebd., S.27).

Im englischsprachigen Diskurs werden die drei C's: *cooking, caring, cleaning* unter dem Begriff *domestic work* zusammengefasst, da sich diese Tätigkeitsbereiche oft vermischen und von einer Person erledigt werden (vgl. ebd., S. 21). In der vorliegenden Arbeit sollen in Anlehnung an Helma Lutz die Begriffe Haus- oder Haushaltsarbeit, *Care*-Arbeit oder *domestic work* synonym verwendet werden und dabei alle Arbeiten einschließen, die im Privathaushalt verrichtet werden: „Betreuung, Versorgung, Erziehung und Pflege von Menschen und Dingen" (ebd.).

Das Phänomen der Arbeitsmigration von Haushaltsarbeiterinnen wurde seit den späten 1990er Jahren in länderspezifischen Studien, teilweise mit unterschiedlichen

---

[9] In den folgenden Kapiteln wird der Begriff „Arbeitgeber" in der männlichen Form verwendet und meint die Institution Arbeitgeber, also nicht den/die einzelnen Arbeitgeber/-innen. Ansonsten soll wie eingangs erwähnt, mehrheitlich die weibliche Form verwendet werden, da es um *Care*-Arbeiterinnen geht, die zumeist Frauen sind.

Blickwinkeln, mehrfach erforscht.[10] In den Studien wird die soziale Situation der Arbeitsmigrantinnen überwiegend nach den Dimensionen psychosoziale Situation, Arbeitsbedingungen, Transnationalität, Vergleiche verschiedener regionaler Besonderheiten bzw. Migrationsmotivation beschrieben und analysiert.

3.1 Was sind „neue Dienstmägde"?

Um sich der Thematik zu nähern, muss ein Blick auf ihren Gegenstand geworfen werden, die Arbeit im Privathaushalt. Bridget Anderson betont die Dichotomie des Begriffs, die im alltäglichen Sprachgebrauch oft vermischt wird. Es gibt einerseits die Haushaltsarbeit, die unbezahlt meist von der (Ehe-)Frau im Haushalt erledigt wird und andererseits die bezahlte Hausarbeit, die von einer haushaltsfremden Person geleistet wird (vgl. Anderson 2000, S. 9). In den 1970er Jahren war die unbezahlte Hausarbeit, bisweilen auch Reproduktionsarbeit[11] genannt, ein bedeutsames Thema in der feministischen Bewegung. Die Rufe nach geschlechtlicher Gleichverteilung der Haushaltsarbeit, nach Anerkennung des Werts dieser Arbeit und nach weiblicher Beteiligung am bezahlten Arbeitsmarkt wurden lauter (vgl. ebd. und Lutz 2007, S. 15f.). Es wurde die Erhärtung der gesellschaftlichen Aufteilung von privater und öffentlicher Ebene in einem impliziten Geschlechtervertrag kritisiert: Öffentlichkeit = Erwerbsarbeit = männlich und Privatheit = Reproduktionsarbeit = weiblich (vgl. hier und im Folgenden Lutz 2007, S. 16ff.). Diese Aufteilung ist Grundlage für das familiale *Bread-Winner*-Modell (Einverdienermodell), welches sozial und rechtlich bis heute in vielen (v.a. westlichen) Gesellschaften als Ideal verankert ist. Durch eine „Lohn für Hausarbeit-Kampagne" wies die Frauenbewegung schon in den 1970er Jahren auf diese Problematik hin, allerdings fand die Forderung nach Verweigerung der Hausfrauenrolle und Abschaffung des Patriarchats damals wenig Anklang.

In den darauf folgenden Jahren entstand jedoch ein emanzipativer Diskurs, der die geschlechtliche Arbeitsteilung in Frage stellte und die Berufstätigkeit der Frau

---

[10] Ohne einen Anspruch auf Vollständigkeit sind Mary Romero (Mexiko – USA, 1992), Nicole Constable (Philippinen – Hongkong, 1997), Bridget Anderson (verschiedene europäische Großstädte, 2000), Rhacel Salazar Parreñas (Philippinen – Rom / Los Angeles im Vergleich, 2001b), Pierrette Hondagneu-Sotelo (Lateinamerika – Los Angeles, 2001), Sabine Hess (osteuropäische Au-Pair in Deutschland, 2005), Maria S. Rerrich (Deutschland, 2006), Helma Lutz (Deutschland, 2007; Ukraine, Polen und Deutschland, gemeinsam mit Ewa Palenga-Möllenbeck 2011), Sigrid Metz-Göckel, A. Senganata Münst, Dobrochna Kałwa (Polen – Deutschland, 2010) und Elisabetta Zontini (Philippinen / Marokko – Italien / Spanien, 2010) zu nennen.

[11] Parreñas definiert den Begriff der „sozialen Reproduktion" als die Arbeit, die nötig ist um Produktionsarbeit möglich zu machen, folglich Haushaltsarbeit, Kinderbetreuung und ihre Erziehung, Pflege von Alten und soziale Beziehungspflege innerhalb der Familie (vgl. Parreñas 2001b, S. 61).

verlangte (vgl. hier und im Folgenden Lutz 2007, S. 18). Allerdings bleibt bei dieser Forderung eine Frage offen: Wer erledigt die weiterhin anstehende Haushaltsarbeit? Es liegt nahe, hier die Männer auf den Plan zu rufen und eine Umverteilung der Haushaltsarbeit auf alle Haushaltsmitglieder zu fordern. Dieser Forderung wurde jedoch nicht entsprochen. Die partnerschaftliche Umverteilung der Arbeit fand nur in geringem Maße statt. Die männliche Beteiligung bei der Kinderbetreuung ist zwar ein wenig gestiegen, die Hauptlast liegt aber immer noch bei den Müttern. Maria S. Rerrich stellt deshalb fest: „Das Projekt der Gleichverteilung von Hausarbeit ist trotz vielfacher Bemühungen, so ist ernüchtert festzustellen, bisher so gut wie gescheitert" (Rerrich 2011, S. 19).

Als Gründe hierfür sind mehrere Faktoren anzusehen, die es, auch wenn individuell die Bereitschaft zur Arbeitsteilung in vielen Fällen vorliegt, erschweren, diese zu realisieren. Zunächst ist die immer noch immens auseinanderklaffende Einkommensschere zwischen klassischen Männer- und Frauenberufen zu sehen (vgl. Lutz 2007, S. 18). Weiterhin die auf Männer und ihre Berufe zugeschnittenen Arbeitsmarktstrukturen, die beispielsweise daran hindern können, ein Familienleben im Rahmen eines Teilzeitmodells zu führen (vgl. Rerrich 2011, S. 20). Und schließlich ist unsere staatliche Sozial- und Steuerpolitik immer noch auf die Familienform Nuklearfamilie nach dem *Bread-Winner*-Modell zugeschnitten (vgl. ebd.).

Frauen im globalen Norden gehen in großer Zahl einer Erwerbsarbeit nach, „die erforderliche Mentalitäts- und Organisationsveränderung im patriarchalen Berufsverständnis" (Lutz 2011, S. 89) fand jedoch nicht statt. Weil die im Haushalt fällige *Care*-Arbeit dann nicht erledigt wird, entsteht ein *Care Drain*, welchem in den meisten Fällen mit der Auslagerung der Hausarbeit auf haushaltsfremde Personen begegnet wird (vgl. Lutz 2007, S. 23). Die Umverteilung der Haushaltsarbeit vollzieht sich also nicht zwischen den Geschlechtern, sondern vielmehr zwischen verschiedenen Gruppen von Frauen (vgl. hier und im Folgenden Rerrich 2011, S. 23ff.). Oft passiert dies innerhalb des Verwandtschaftsnetzwerkes; so nimmt beispielsweise die Großmutter der Familie die Kinder nach der Schule zum Mittagessen in Empfang, während die Eltern noch bei der Arbeit sind. Ein Großteil dieser Umverteilung geschieht aber auch auf der Ebene der bezahlten Hausarbeit. In diesem Zusammenhang spielt die Frage nach nationaler Zugehörigkeit eine Rolle, denn eine zunehmende Globalisierung der bezahlten Haushaltsarbeit ist festzustellen. Barbara Ehrenreich und Arlie Russel Hochschild bezeichnen dieses Phänomen als die „female underside of globalization", bei welcher Millionen von Frauen aus den armen Ländern des Südens in den Norden migrieren, um dort die Reproduktionsarbeit zu erledigen, die von den wohlhabenden Frauen nicht mehr gemacht werden kann oder will (vgl. Ehrenreich/Hochschild 2003, S. 3). Auf diese Weise entsteht eine verschobene Abhängigkeit, die sich im Grunde an den traditionellen Geschlechterrollen orientiert: die „Erste Welt" mimt den traditionellen Familienvater, der nichts mit Hausarbeit zu tun hat und als Haupternährer fungiert und die „Dritte Welt" die traditionelle Frauenrolle (vgl. ebd., S. 11f.). Trotzdem gibt es (zumindest in Deutschland) auch einheimische Frauen, die im Bereich der bezahlten Hausarbeit tätig sind, z. B. als Putzhilfe oder Tagesmutter – diese sind meist gering qualifizierte Hausfrauen oder ältere Frauen, die ihre Rente damit aufbessern wollen (vgl. Lutz 2007, S. 46).

Es ist also festzuhalten, dass die steigende Erwerbsbeteiligung der Frauen in westlichen Industrienationen, kombiniert mit nicht eintretender Umverteilung der geschlechtlichen Arbeitsteilung im Privathaushalt, für den expandierenden Markt an Haushaltsarbeit verantwortlich zu machen ist. Dies als alleinigen Grund zu sehen, ist jedoch nicht ausreichend; vielmehr sind diese Entwicklungen multikausal zu betrachten.

Ein weiterer Grund ist das Versäumnis der Regierungen der betroffenen Länder, entsprechende Regelungen zu formieren, die dem Wunsch nach Vollbeschäftigung der Frau und Deckung der Care-Arbeit entgegenkommen würden (vgl. Brückner 2010, S. 44f.). Außerdem ist die Überalterung der westlichen Industriegesellschaften und der dadurch wachsende Anteil an Pflegebedürftigen in der Bevölkerung, der mit traditionellen Versorgungsmodellen (wie z. B. durch Töchter oder Schwiegertöchter) nicht mehr gedeckt werden kann, zu nennen (vgl. Lutz 2007, S. 19). Schließlich kann auch der grundlegende Wandel des Lebensstils in den Wohlstandsgesellschaften genannt werden (vgl. Han 2003, S. 161). Er ist geprägt durch die Erfahrung des Überflusses und äußert sich beispielsweise in der Vergrößerung des individuellen Lebensraumes, insbesondere des Wohnraums. Die Aufrechterhaltung dieses Lebensstils ist im begrenzten Zeitbudget berufstätiger Frauen (und Männer) nicht möglich, dieses Problem wird durch die Anstellung von Haushaltskräften gelöst. Ehrenreich und Hochschild fassen dies so zusammen: „The lifestyles of the First World are made possible by a global transfer of the services associated with a wife's traditional role – child care, homemaking, and sex – from poor countries to rich ones" (Ehrenreich/Hochschild 2003, S. 4).

Allerdings ist auch an dieser Stelle zu bemerken, dass die o.g. Gründe weniger für die nicht-westlichen Länder, wie insbesondere die arabischen Golfstaaten gelten, da dort das Beschäftigen von Hauspersonal der Steigerung des sozialen Prestiges dient und nicht der Übernahme der von der Familie nicht mehr geleisteten Reproduktionsarbeit, da in den meisten dieser Fälle die Frauen dennoch keiner Erwerbsarbeit nachgehen (vgl. Lutz 2007, S. 35, sowie Ehrenreich/Hochschild 2003, S. 7).

3.2 Globalisierung der Haushaltsarbeit

Wie bereits erwähnt sind die Personen, die für *domestic work* migrieren, größtenteils weiblich – damit spiegelt sich im Phänomen der „neuen Dienstmägde" auch ein globaler Trend der Arbeitsmigration wider: der „typische Arbeitsmigrant" ist nicht mehr männlich, sondern weiblich[12] und dies berechtigt zur Aussage der „Feminisierung der Migration" (Treibel 2009, S. 116).

3.2.1 Push-Faktoren

Seitens der migrierenden Frauen gibt es neben den offensichtlichen wirtschaftlichen Gründen (finanzielle Unterstützung der Familie) auch Push-Faktoren, die nicht ökonomischer Natur sind. So kann die Migration ein Weg sein, aus einer gescheiterten Ehe oder Missbrauchssituationen auszubrechen (vgl. Ehrenreich/Hochschild 2003, S. 11). Auf den katholisch traditionell geprägten Philippinen ist es auch eine Möglichkeit, einen Weg aus einer gescheiterten Ehe zu finden, ohne der Stigmatisierung und rechtlichen Benachteiligung aufgrund einer Scheidung ausgesetzt zu sein (vgl. Parreñas 2001b, S. 67). Auf globaler Ebene ist die weit auseinanderklaffende Armutsschere zu beachten. Beispielsweise kann der Lohn[13] einer philippinischen Lehrerin in ihrem Heimatland bis zu 15 mal niedriger sein gegenüber dem, was sie in Hongkong als *domestic helper* verdienen kann (vgl. Ehrenreich/Hochschild 2003, S. 8).

3.2.2 Migrationskorridore und -wege

Allgemein lässt sich sagen, dass die Migrationsströme im Bereich der Arbeit im Privathaushalt „entlang von Armutsgrenzen, von Süden nach Norden und von Osten nach Westen" (Apitzsch/Schmidbauer 2011, S. 46) verlaufen. Typischerweise wandern die Migrantinnen zum nächstgelegenen vergleichsweise reichen Land;

---

[12] Weltweit hat der Anteil der migrierenden Frauen den der Männer im Durschnitt eingeholt oder überholt (vgl. Lutz 2007, S. 30).

[13] Das allgemein niedrigere Lohnniveau in den Philippinen entsteht durch die wirtschaftspolitischen Maßnahmen (Abwerten der Landeswährung, Kürzung der staatlichen Sozialausgaben, Lohnsenkung) der philippinischen Regierung, die ihr vom Internationalen Währungsfonds zur Sanierung der Wirtschaft und der Tilgung von Schulden auferlegt wurde (vgl. Han 2003, S. 173).

förderlich ist auch noch, wenn sie die dortige Landessprache sprechen oder deren Kultur teilen (vgl. Ehrenreich/Hochschild 2003, S. 6).

Bezüglich der Migrationskorridore ist es nicht für alle Regionen der Welt einfach, betreffende Daten zu finden. Im 2013 veröffentlichten Bericht des International Labour Office (ILO) über *Care*-Arbeit weltweit werden dennoch einige skizziert (vgl. hier und im Folgenden ILO 2013, S. 19-40). Im Lateinamerikanischen Raum wandern viele *domestic worker* innerhalb der Region in wohlhabendere Gegenden (bspw. von Bolivien und Paraguay nach Argentinien), oder aber in die Vereinigten Staaten (u. a. aus Mexiko) bzw. nach Europa. Auch in Asien, der Region mit den meisten in Privathaushalten Beschäftigten gibt es große Binnenmigrationsbewegungen (bspw. von den Philippinen, Sri Lanka oder Indonesien nach Hongkong, Singapur, Thailand oder Malaysia). Gleichzeitig arbeiten auch viele Asiatinnen in den reichen Ländern am Arabischen Golf (insbesondere Filipinas), in Nordamerika und teilweise auch in Europa. Nach Europa – insbesondere Frankreich – migrieren ebenso eine große Zahl aus Algerien, Marokko und Tunesien. In Spanien arbeiten viel Frauen aus den spanischsprachigen Ländern Lateinamerikas (bspw. Ecuador und Kolumbien). Weitere Migrationsbewegungen sind innerhalb Europas zu verzeichnen: von den Ländern in Europas Osten in die Länder Westeuropas.

Eine Quantifizierung dieser Migrationsbewegungen ist schwierig, weil der Begriff *domestic work* nicht weltweit definiert ist und weil die Daten aus sehr vielen Ländern gesammelt werden müssen. Das ILO geht jedoch nach eigenen Schätzungen von mindestens 52,6 Millionen Haushaltsarbeiterinnen weltweit aus (vgl. ILO 2011b, S. 6). Aufgrund des hohen Anteils an illegal Beschäftigten dürfte diese Zahl aber nach oben zu korrigieren sein. Nicht in allen Ländern ist die Beschäftigung einer Haushaltsarbeiterin aus dem Ausland rechtlich so einfach, wie zum Beispiel in Kanada durch das Live-in Caregiver Program (LCP) (vgl. Abschnitt 4.1 dieser Arbeit). Deshalb ist die Zahl irregulär Beschäftigter immer noch hoch. Da der Fokus der vorliegenden Arbeit allerdings auf Kanada liegt, soll dies hier nicht weiter vertieft werden.

Bezüglich der Migration lässt sich sagen, dass sie meistens transnational verläuft. Vor allem die Migration innerhalb Ostasiens, insbesondere Singapur, Hongkong und Malaysia, und der Golfstaaten zeichnet sich durch zirkuläre Kontraktarbeit aus: Für die Dauer eines Arbeitsvertrages bleibt die Arbeitnehmerin im Ausland, um dann nach einem kurzen Aufenthalt zu Hause wieder für eine bestimmte Zeit im Ausland zu arbeiten.

Die Migrationswege sind vielfältig, es lassen sich jedoch drei gängige zusammenfassen (vgl. hier und im Folgenden Anderson 2000, S. 30ff.): Erstens die alleinige Migration, ohne vorherige Kontakte in das Aufnahmeland. Zweitens die Migration mittels informeller Netzwerke: Verwandte oder Freunde/-innen vermitteln einen Kontakt zum zukünftigen Arbeitgeber und helfen ggf. auch beim Bezahlen des Flugtickets und der Beschaffung von Wohnraum. Drittens findet die Migration nicht selten auch mithilfe von Vermittlungsagenturen statt. Diese wurden durch die Expansion des Internets natürlich bedeutender und sind vor allem in Ländern populär, in denen migrantische Haushaltshilfen legal anzuwerben sind, wie z. B. USA und Kanada (vgl. Lutz 2007, S. 31). Viele, jedoch nicht alle dieser Agenturen stellen die Marginalisierung und Diskriminierung der Arbeitsmigrantinnen schamlos zur Schau (vgl. Chin 2003, S. 329f.). Eine malaysische Website bietet beispielsweise an, sich die Haushaltsarbeiterin anhand von sozialen Merkmalen (Staatsangehörigkeit, Religion, Alter, Heiratsstatus, Sprachkenntnisse) auszusuchen.[14]

3.2.3 Global Care Chains

Die heutigen „neuen Dienstmädchen" sind meistens Mütter, die ihre eigenen Familien, oft mit kleinen Kindern, in der Heimat zurück lassen (vgl. Hondagneu-Sotelo 2001, S. 19). Ferner stammen die Frauen nicht aus armen Schichten der Heimatbevölkerung, sondern haben dagegen ein hohes Bildungsniveau und eine hohe sozioökonomische Klasse (vgl. ebd.). Oft findet die Migration nach abgeschlossener Ausbildung und mit einiger Berufserfahrung statt (vgl. Lutz 2008, S. 3). Da die Transmigrantinnen ihre Familie und ihre Kinder oder pflegebedürftigen Angehörigen zurücklassen, entsteht eine Versorgungslücke[15], die wiederum von einer anderen Person gefüllt werden muss (vgl. hier und im Folgenden Lutz/Palenga-Möllenbeck 2011, S. 9ff.). Oft übernehmen dies weibliche Familienmitglieder, nicht selten jedoch wird dafür auch eine andere Frau als Nanny angestellt – etwa aus einem noch ärmeren Land oder aus ländlicheren Gegenden des eigenen Landes. Diese Frau lässt meist auch versorgungsbedürftige Familienmitglieder zurück, die dann wieder von einer anderen Person versorgt werden müssen. So entsteht eine globale Verkettung von *Care*-Beziehungen, die Hochschild (2001) mit dem Begriff

---

[14] Gesehen auf: http://www.apask.com/ (Stand: 20.02.13)

[15] Hochschild zieht die Parallele zum *Brain Drain*: Durch das Abfallen der einheimischen Reproduktionsarbeiterinnen entsteht ein *Care Drain* (Hochschild 2003, S. 186). Dies entspricht der Aussage Parreñas – sie spricht in Bezug auf die Situation in den Philippinen von einer *Care Crisis* (vgl. Parreñas 2003, S. 39).

global care chains beschreibt und dafür folgende Definition liefert: „a series of personal links between people across the globe based on the paid or unpaid work of caring (Hochschild 2001, S. 131).

Dieser Prozess der wiederholten Abgabe von *Care*-Arbeit an bezahlte Arbeitskräfte lässt sie zu einer Ware werden (vgl. hier und im Folgenden Lutz/Palenga-Möllenbeck 2011, S. 10f.). Kritische Stimmen bemängeln diese Kommerzialisierung und stellen einen *Care*-Gewinn im Aufnahmeland und einen *Care*-Abzug im Entsendeland fest, was die globale soziale Ungleichheit fördert. Gewinnerin in dieser Konstellation ist die Familie am Beginn der Versorgungskette, da sie von einem emotionalen Mehrwert profitiert – Verlierer/-innen dagegen die zurückgelassenen Angehörigen am anderen Ende der Kette.

Es gibt jedoch noch einen konträren Standpunkt, welcher diese Entwicklungen eher positiv bewertet. Der ökonomisch geprägte Gedanke betont die durch die im Rahmen der *Care Chains* nach Hause geschickten Remittenden[16] entstehende „wirtschaftliche Aufwärtsmobilität der Migrantinnen und ihrer Angehörigen" (Lutz/Palenga-Möllenbeck 2011, S. 11). Allerdings lässt dieser Ansatz die sozialen und emotionalen Kosten der Zurückgelassenen außen vor. In diesem Zusammenhang ist eine Studie von Helma Lutz und Ewa Palenga-Möllenbeck anzuführen. Sie haben die Kontroversen des *Care-Chain*-Konzepts im Rahmen einer Fallstudie („Landscapes of Care Drain. Care Provision and Care Chains from the Ukraine to Poland and from Poland to Germany") der transnationalen *Care*-Arrangements polnischer und ukrainischer Migrantinnen analysiert (Lutz/Palenga-Möllenbeck 2011). Dabei ist ein zentrales Ergebnis, „dass ein gelungenes Betreuungsverhältnis abhängt von der Qualität der Betreuung, etwa von der durch die Betreuenden vor Ort geleisteten emotionalen Arbeit, und der Organisation des transnationalen Kontakts mit der Mutter" (Lutz/Palenga-Möllenbeck 2011, S. 24).

3.3 Charakterisierung von Care-Arbeitssituationen

Es lassen sich einige Gemeinsamkeiten, die für die meisten Migrationssituationen im Bereich der *Care*-Arbeit gelten, differenzieren, die im Folgenden kurz skizziert werden sollen.

---

[16] Siehe bezüglich der Philippinen auch Abschnitt 4.2 dieser Arbeit.

3.3.1 Arbeitsarrangements: Live-in versus live-out

Im Bereich der Haushaltsarbeit gibt es prinzipiell zwei Arrangements: *live-in* und *live-out*. *Live-in* bedeutet, dass die Arbeit im Privathaushalt des Arbeitgebers wohnend zu verrichten ist. Zunächst scheint dies auch eine rentable Sache zu sein: Die Suche nach einer Unterkunft sowie ihre Bezahlung erübrigen sich, es können Kosten gespart werden (vgl. hier und im Folgenden Anderson 2000, S. 39ff.). Bezüglich der Arbeitsbedingungen erweist sich ein *live-in* Arrangement allerdings als nachteilig. Beispielsweise besteht wenig Kontrolle über die Arbeitszeiten, nicht selten müssen *live-in domestic workers* 24 Stunden abrufbar sein oder der freie Tag wird in letzter Minute verschoben. Zusätzlich besteht in solchen Arrangements wenig Privatsphäre. *Live-out* bedeutet, dass die Haushaltsarbeiterin nicht im Haushalt ihres Arbeitgebers wohnt und nur tagsüber dort zur Arbeit erscheint. Diese Form scheint von den meisten Arbeiterinnen präferiert zu werden, da sie allgemein betrachtet eine geringere Abhängigkeit vom Arbeitgeber bedeutet. Allerdings gibt es auch Nachteile, wie beispielsweise lange Arbeitszeiten und die zusätzliche Fahrtzeit zum Arbeitsplatz. Oft arbeiten Frauen in *live-out* Arrangements für mehrere Haushalte gleichzeitig.

3.3.2 Lebens- und Arbeitsbedingungen

Insgesamt lässt sich sagen, dass Haushaltsarbeiterinnen weltweit unter prekären Lebens- und Arbeitsbedingungen leiden müssen und diese in Nordamerika und Europa tendenziell weniger gravierend sind, als in Asien und im Nahen Osten (vgl. Lutz 2007, S. 31).[17] Allgemein sind diese immer abhängig von der Qualität der Beziehung zum Arbeitgeber und vom Staat, in dem die Arbeit ausgeführt wird (vgl. Anderson 2000, S. 196). Die Menschenrechtsorganisation Human Rights Watch hat 2006 einen Bericht über die Situation von *domestic workers* herausgegeben (HRW 2006). Es wird deutlich, dass es im internationalen Vergleich der Aufnahmeländer erhebliche Unterschiede in Bezug auf die Arbeits- und Wohnsituation gibt (vgl. hier und im Folgenden HRW 2006). Vor allem im Nahen Osten, in Singapur, Malaysia und Hongkong herrschen unmenschliche Wohn- und Arbeitsbedingungen. Allerdings gibt es auch Gemeinsamkeiten: Überall gehört die bezahlte Haushaltsarbeit zum Niedriglohnbereich, in vielen Ländern gibt es keinen Mindestlohn. Gemeinhin ist Haushaltsarbeit versteckt und tabuisiert. Da die Arbeit in

---

[17] Im folgenden Abschnitt stammen die Aussagen (soweit nicht mit einer Quelle belegt) aus meinen Beobachtungen im Rahmen der Interviewdurchführung und der damit einhergehenden Arbeit mit den *Live-in Caregivers* im Centre for Newcomers in Calgary.

einem Haushalt im Privatbereich der Gesellschaft stattfindet und damit von der Öffentlichkeit isoliert ist, sind die Arbeitsverhältnisse besonders anfällig für psychische und physische Ausbeutung und Misshandlung sowie sexuelle Gewalt. In fast allen Ländern ist *domestic work* nicht im Arbeitsrecht[18] enthalten, es gibt also kaum oder keine Handhabe gegen Missbrauch und Ausnutzung.

Oftmals wird *domestic work* als eine Arbeit angesehen, die jede machen könnte, die eigentlich gar keine richtige Erwerbsarbeit ist und dadurch auch stigmatisiert (vgl. Hondagneu-Sotelo 2001, S. 9).[19] Daraus entsteht eine geringe oder kaum vorhandene Wertschätzung der Tätigkeit, die in vielen Fällen auch von den Frauen selbst übernommen wird. Nur wenige Frauen haben das Gefühl, eine wertvolle und wichtige Arbeit zu leisten. Die Geringschätzung seitens der Arbeitgeber spiegelt sich in der Gestaltung der Arbeitsbedingungen. Häufig entsteht ein Spannungsfeld: Einerseits sollen sie Teil des Haushalts sein, in dem sie arbeiten, andererseits werden sie oft als selbstverständlich gesehen, auf Abruf gehalten und manchmal auch schlichtweg ignoriert (vgl. Macklin 1992, S. 709ff.). Ein weiterer Konfliktpunkt sind die Arbeitszeiten. Diese sollten üblicherweise in einem Arbeitsvertrag festgehalten sein und mit den staatlichen Arbeitsgesetzen korrespondieren. Diese Regelungen werden jedoch häufig nicht eingehalten. Beispielsweise werden Überstunden nicht bezahlt, oder die Frauen werden angehalten, Arbeiten zu verrichten, die über die Tätigkeiten beispielsweise eines Kindermädchens hinausgehen und die auch nicht im Arbeitsvertrag stehen, wie Auto putzen, Hunde ausführen, Bedienung bei *Dinner-Parties* (vgl. Cheever 2003, S. 35). Das kurzfristige Streichen freier Tage, weil die Arbeitgeber plötzlich einen Termin haben, ist ebenso keine Seltenheit. Häufig ist die Wohnsituation nicht zufriedenstellend: Es kommt vor, dass das Zimmer nicht abschließbar ist oder tagsüber zum Spielzimmer wird – die Wahrung von Privatsphäre ist dadurch nicht möglich. Es gibt Fälle, in denen die Frauen vorgeschrieben bekommen, welche Lebensmittel sie aus dem Kühlschrank essen dürfen und welche nicht. Nicht selten entsteht eine Anpassungshaltung aus Angst vor Abschiebung oder Jobverlust. Die ständigen Repressalien und das Ausnutzen der Machtposition seitens des Arbeitgebers verursachen eine Einschränkung des Selbstbewusstseins, des Selbstvertrauens und des Gefühls der Selbstbestimmung im Leben. Dies wird verstärkt, wenn der Frau bei ihrer Ankunft in der Fami-

---

[18] Die 2011 auf den Weg gebrachte Konvention des ILO („Decent Work for Domestic Workers") fordert u. a. genau dies: die Integration der bezahlten Hausarbeit in die Arbeitsschutzgesetze aller Staaten (vgl. ILO 2011a).
[19] Die Gründe dafür zu erörtern ist aus Platzgründen nicht möglich und für meine Fragestellung auch nicht in erster Linie relevant.

lie die Papiere weggenommen werden – es entsteht eine totale Abhängigkeit vom Arbeitgeber.

3.3.3   Transnationale Familie und Mutterschaft[20]

Wie bereits festgestellt wurde, sind die heutigen Arbeitsmigrantinnen zumeist Mütter, die ihre Familien im Heimatland zurücklassen (müssen). Das liegt an Strukturen, die es ihnen nicht ermöglichen, ihre Familien mit in das Land zu nehmen, in dem sie arbeiten. Zum einen, weil es die Gesetzgebung im Aufnahmeland durch nötige Aufenthaltsgenehmigungen nicht erlauben und sie dadurch an ihre Heimat gebunden sind (vgl. Parreñas 2001a, S. 386f.). Und zum anderen wegen der Arbeitsbedingungen, wenn beispielsweise ein *live-in* Arrangement oder die Arbeitszeiten es unmöglich machen, parallel für ein eigenes Kind zu sorgen (vgl. ebd.). Es ist nicht unüblich, dass Familien über einen Zeitraum von bis zu 15 Jahren getrennt sind und Besuche nur sporadisch stattfinden bzw. möglich sind (vgl. Hondagneu-Sotelo 2001, S. 25). Es entsteht also eine transnationale Familienform, die durch die technologische Entwicklung im Bereich der Kommunikation (günstiges Telefonieren, *Skype*, E-Mail) natürlich gefördert wird, weil diese es den Müttern ermöglicht, trotz großer physischer Trennung Erziehungsaufgaben wahrzunehmen (vgl. Lutz 2007, S. 126). Parreñas hat diesbezüglich den Begriff der „Mutterschaft aus Distanz" bzw. „mothering from a distance" (Parreñas 2001a) postuliert. Doch wie funktioniert diese Mutterschaft aus der Distanz, was sind die Folgen und die Begleiterscheinungen für die Mütter und die zurückgelassenen Familienangehörigen?

In der betreffenden Forschung gibt es zwei Standpunkte: der eine vertritt die Tatsache, dass es durchaus gelingt, Kinderbetreuung und Migration zu vereinen; der andere fokussiert v. a. die negativen Folgen für die Kinder und Mütter (vgl. hier und im Folgenden Lutz 2007, S. 127f.). Im Mittelpunkt des ersten Standpunktes steht eine duale Herangehensweise an die Betreuung von Kindern: es gibt die Sorge *für* ein Kind, die die tägliche Versorgung beinhaltet, die auch von einer sozialen Mutter (bspw. die Großmutter oder eine Tante) übernommen werden kann, und die Sorge *um* ein Kind, welche die materielle Versorgung meint, die von der migrierten Mutter in Form von Geldgaben übernommen werden kann. Dies basiert auf einem kollektiven Familienbegriff, der sich von dem der bürgerlichen Kleinfamilie stark unterscheidet.

---

[20] In diesem Bereich, vor allem was die Folgen für die Kinder betrifft, wurde bislang noch wenig publiziert. Für die transnationale Familienpraxis philippinischer Arbeitsmigrantinnen legt Parreñas wichtige Studien vor (unter anderem 2001b und 2005).

Der zweite Standpunkt betrachtet die emotionale Seite der transnationalen Mutterschaft und weist darauf hin, dass sowohl die Mütter als auch die zurückgelassenen Kinder unter der Situation leiden – ganz gleich wie gut die Trennung kompensiert wird (vgl. Parreñas 2003, S.41). Auf Seiten der Mütter ist die emotionale Belastung durch Gefühle der Sorge, der Hilflosigkeit, des Verlusts, der Schuld und der Einsamkeit geprägt (vgl. hier und im Folgenden Parreñas 2001a, S. 371-380). Die Hilflosigkeit wird vorrangig dadurch erzeugt, dass die Distanz zur Familie gespürt wird und gleichzeitig eine Abhängigkeit vom materiellen Mehrwert entsteht, der durch die Trennung erst möglich ist. Das Erreichen der finanziellen Sicherheit geht einher mit emotionaler Unsicherheit. Parreñas stellt in ihrer Untersuchung drei Mechanismen fest, mit denen die Frauen die Situation zu bewältigen versuchen. Erstens die Kommodifizierung der Liebe: es werden übermäßige Geschenke nach Hause geschickt und den Kindern jeder erdenkliche Wunsch erfüllt. Zweitens die Unterdrückung der emotionalen Belastungen. Und drittens das Rationalisieren der Distanz durch regelmäßige Kommunikation. Seitens der Kinder sind die emotionalen Belastungen durch Gefühle der Einsamkeit, Unsicherheit und Verletzlichkeit geprägt. Oft besteht wenig Verständnis für die Entscheidung der Mutter, sie wollen, dass sie wieder zurückkehrt und leiden unter dem Fehlen alltäglicher Nähe.

Abgesehen von den individuellen emotionalen Folgen sind transnationale Mütter auch mit sozialen bzw. gesellschaftlichen Belastungen konfrontiert. Das in vielen Teilen der Erde gängige Familienbild der bürgerlichen Kleinfamilie ist nicht mit dem der transnationalen Mutterschaft vereinbar (vgl. Lutz 2007, S. 128f.).[21] Diese Erwartungen der Außenwelt werden nicht selten von den Frauen verinnerlicht und lassen dadurch ein schlechtes Gewissen entstehen (vgl. ebd. sowie Hondagneu-Sotelo 2001, S. 26f.). Mit den Worten von Lutz lässt sich zusammenfassen, dass „die transnationale Migration von Müttern traditionelle Familienstrukturen, geschlechtsspezifische Rollenmuster und die gängigen Mutterschaftsbilder herausfordert" (Lutz 2007, S. 162).

---

[21] Dies gilt in besonderem Maße für die Philippinen. Transnationale Haushalte werden dort als „broken homes" bezeichnet, da sie die Anforderungen des traditionellen Familienbildes nicht erfüllen (vgl. Parreñas 2008, S. 108).

4. Philippinische Live-in Caregivers in Kanada

Da sich die Untersuchung der vorliegenden Arbeit auf Kanada bezieht, ist es notwendig, nach den allgemeinen theoretischen Vorüberlegungen einige Worte über die spezifischen Gegebenheiten der (philippinischen) Arbeitsmigrantinnen in Kanada zu verlieren.

4.1 Die neue Dienstmädchenfrage in Kanada

Kanada steht an Platz vier der Liste der Länder mit der höchsten positiven Nettomigration (1,05 Mio. im Zeitraum 2005-2010), es migrieren also mehr Menschen nach Kanada als emigrieren, und wird nur von den USA (5,05), Spanien (1,75) und Italien (1,65) übertroffen (vgl. Weltbank 2011a, S. 88). Somit ist Kanada ein Einwanderungsland par excellence[22], nicht zuletzt auch wegen der langjährigen Einwanderungsgeschichte und der Migrationspolitik. Diese konzentriert sich auf an langfristigen volkswirtschaftlichen Zielen orientiertes Anwerben von Einwandern/-innen. Im Jahr 2010 erteilte Kanada laut OECD 281.000 Menschen eine unbegrenzte Aufenthaltsgenehmigung (vgl. OECD 2012, S. 218f.). 60,8 % davon auf Basis des Familiennachzugs, bei 27,3 % handelt es sich um Arbeitsmigration und 11,9 % erhielten die Aufenthaltsgenehmigung aus humanitären Gründen (vgl. ebd.). 2010 lebten 7,2 Millionen Menschen in Kanada, deren Geburtsort im Ausland liegt – das sind 21% der Gesamtbevölkerung (vgl. IOM 2010, S. 153). Von diesen 7,2 Millionen Menschen haben laut Zensus aus dem Jahr 2006 303.195 Menschen ihren Ursprung in den Philippinen, die damit auf Platz vier[23] der Liste der Einwanderung nach Geburtsland sind (vgl. Statistics Canada 2007). Betrachtet man die neueren Einwanderungszahlen (Migranten zwischen 2001 und 2006) rücken die Philippinen mit 77.880 Menschen auf Platz 3, nach China (155.105) und Indien (129.140) (vgl. ebd.).

---

[22] Hinzu kommt – im Gegensatz zu den meisten europäischen Staaten – eine weitgehende gesellschaftliche Akzeptanz der Einwanderung: Die ökonomische und kulturelle Bereicherung der eigenen Gesellschaft steht im Mittelpunkt (vgl. Schmidtke 2003, S. 205). Es ist jedoch zu klären, ob dies auch in Bezug auf die LCP ins Land kommenden Frauen gilt. Es gibt diesbezügliche sicherlich Diskrepanzen, die aber in dieser Arbeit nicht erörtert werden können.

[23] 1. Vereinigtes Königreich von Großbritannien und Nordirland (579.620), 2. Volksrepublik China (446.940), 3. Indien 443.690), 4. Philippinen (303.195), 5. Italien (296.850).

Wie in Abbildung 3 zu erkennen ist, sind die Philippinen allerdings das Land, das am meisten temporäre Migranten/-innen liefert. Von diesen ist die Mehrheit im Bereich der Haushaltsarbeit tätig, die meisten davon sind weiblich (vgl. Derrick 2010).

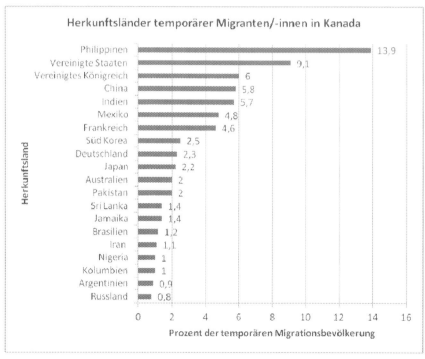

Abbildung 3: Herkunftsländer temporärer Migranten/-innen in Kanada.
Quelle: Statistics Canada 2007, eigene Darstellung

Das Live-in Caregiver Program

In Kanada gibt es fünf Möglichkeiten, sich als Ausländer/-in legal aufzuhalten: Besuch, Studium, Flüchtling, Saisonarbeit / temporäre Arbeit und Einwanderung. Das Live-in Caregiver Program (LCP) ist eine Untergruppe der unter der Kategorie temporäre Arbeit erteilten Arbeitsgenehmigungen und verleiht begrenzte Arbeits-erlaubnisse und daran gebundene Aufenthaltsgenehmigungen. Es ersetzt seit 1993 das damalige Foreign Domestic Worker Program und ist in § 110ff. der Immigra-tion and Refugee Protection Regulations des Staates Kanada manifestiert. Als *Live-*

in Caregivers werden demnach Individuen[24] bezeichnet, die Pflege für Kinder, Pflegebedürftige oder Menschen mit Behinderung in Privathaushalten ohne Anleitung ausführen (vgl. CIC). Diese Arbeit muss *live-in*[25], also im Haushalt des Arbeitgebers wohnend, ausgeführt werden (vgl. ebd.). Die Bedingungen unter denen man sich für eine Arbeitserlaubnis in dieser Einwanderungskategorie bewerben kann, werden in § 112 der Immigration and Refugee Protection Regulations festgelegt und lauten wie folgt:

-   Schulbildung mindestens äquivalent zur Sekundarstufe in Kanada,
-   entweder sechs Monate Ausbildung oder ein Jahr Arbeitserfahrung in den relevanten Handlungsfeldern,
-   ausreichende Englisch- oder Französischkenntnisse,
-   Arbeitsvertrag mit dem zukünftigen Arbeitgeber.

Diese Bedingungen sind eine relativ geringe Schwelle für die meisten (philippinischen) Bewerberinnen, da (wie sich in Abschnitt 4.2 zeigen wird) die Mehrzahl der Migrantinnen aus einer mittleren bis höheren Bildungsschicht stammt.

Live-in Caregivers stehen, wie alle legal in Kanada arbeitenden Migranten/-innen, unter dem Schutz des Staates. Während die Aufenthaltsregelungen durch die staatlichen Gesetze festgeschrieben sind, werden die arbeitsrechtlichen Regelungen wie Mindestlohn, Arbeitszeiten, Urlaubsregelungen, Kündigungsschutz etc. in den einzelnen Provinzen separat geregelt (vgl. Pratt 1999, S. 25f.).

Kanadische Besonderheiten der Care-Thematik

Das Besondere am LCP ist, dass sich die Teilnehmenden nach 24 Monaten abgeleisteter Arbeit für eine unbegrenzte Aufenthaltsgenehmigung und die damit verbundene „offene" Arbeitsgenehmigung bewerben können, mit der sie nicht mehr an *einen* Arbeitgeber gebunden sind. Glückt die Bewerbung, erlangen die Frauen den „permanent resident status". Dieser erlaubt es ihnen, sich für unbegrenzte Zeit in Kanada aufzuhalten und zu arbeiten und berechtigt zum Familiennachzug. Er ist darüber hinaus Voraussetzung für die Einbürgerung.

Das LCP wird aus diesem Grund von vielen Frauen als einzige Möglichkeit gesehen, nach Kanada einzuwandern, da sie die hohen Kosten einer regulären Einwanderung scheuen oder oft auf normalem Weg, also über die Klasse der „skilled

---

[24] Es findet theoretisch keine Ausgrenzung von Männern statt. Praktisch ist es aber so, dass die Mehrheit der Menschen, die als *Live-in Caregiver* arbeiten, weiblich sind (vgl. Pratt 1999, S. 26).
[25] Dies steht im Widerspruch zu Artikel 9 der ILO-Konvention (vgl. ILO 2011a).

worker" im Punktesystem[26] keine Chance haben. Dies liegt daran, dass sie häufig Berufe haben, die in Kanada eher nicht benötigt werden, z. B. Krankenschwestern oder Lehrerinnen – im Gegensatz zu Ingenieurinnen, Ärztinnen etc., und deshalb die erforderliche Punktzahl nicht erreichen, die eine Einwanderung ermöglichen würde. So ist das LCP zu einem Einwanderungsprogramm geworden, obwohl es von der kanadischen Regierung nie als solches geplant wurde, sondern nur helfen sollte, den Bedarf an bezahlbarer Fürsorge- und Pflegearbeit zu decken (vgl. Pratt 2008, S. 6). Im Vergleich zu anderen Ländern, in denen Frauen als *domestic workers* arbeiten, finden sich aus diesem Grund in Kanada viele Frauen, die diese Arbeit nur auf sich nehmen, weil die Aussicht auf eine unbegrenzte Aufenthaltsgenehmigung verlockend ist, und sie sich durch ihre Erlangung eine bessere Zukunft für sich und ihre Familien erhoffen. Die meisten der in Kanada arbeitenden *Live-in Caregivers* versuchen, nach Ableistung der 24 Monate und Erlangung der offenen Arbeitsgenehmigung einen Job außerhalb der Haushaltsarbeit zu finden. Die Realität sieht jedoch anders aus. Ein Großteil verweilt dennoch in diesem Bereich – z. B. als *live-out* Kindermädchen oder Haushaltshilfen (vgl. Pratt 2003, S. 19). Wenn der Arbeitsbereich gewechselt wird, bleiben viele im Dienstleistungssektor (Kassiererinnen, Servicekräfte...) und damit im Niedriglohnbereich (vgl. McKay 2002, S. 5).

Auch wenn die Aussicht auf das Erlangen der unbegrenzten Aufenthaltsgenehmigung an sich positiv zu sehen ist, gibt es auch Nachteile: Die 24 Monate Arbeit müssen innerhalb von vier Jahren[27] nach Eintreffen in Kanada komplettiert werden. Dies kann dazu führen, dass Frauen in ausbeuterischen Arbeitsverhältnissen ausharren, weil sie den durch eine Kündigung entstehenden Zeitverlust nicht riskieren wollen (vgl. Pratt 1999, S. 41). Nach einer Kündigung muss ein neuer Arbeitgeber gefunden werden und dann wiederum eine Arbeitsgenehmigung für diesen beantragt werden. Die durchschnittliche Dauer für diesen Prozess beträgt sechs Monate. Glückt die Bewerbung nicht, ist Abschiebung die Folge.

---

[26] Kanada regelt seit 1967 die Einwanderung über ein sogenanntes Punktesystem, welches nicht mehr die Herkunftsländer der Bewerber/-innen, sondern deren Qualifikation, Sprachkenntnisse, Alter u. v. m. berücksichtigt. Diese Kriterien sind an die momentanen wirtschaftlichen und sozialen Bedürfnisse des Landes gebunden und demnach in hohem Maße arbeitsmarktabhängig. (vgl. Schmidtke 2003, S. 209ff. und §102 – §105 Immigration and Refugee Protection Regulations).
[27] Bis April 2010 musste dies innerhalb von drei Jahren geschehen (vgl. CIC), was die hier beschriebenen Schwierigkeiten noch verschärft hatte. Die kanadische Regierung scheint also die Problematik erkannt zu haben und versucht ihr mit dieser Neuregelung zu begegnen.

4.2 Die Philippinen und internationale (Trans-)Migration

Die Philippinen haben eine über hundertjährige Tradition der Arbeitsmigration (vgl. Weninger 2010, S. 149) und sind damit schon seit geraumer Zeit ein Auswanderungsland.[28] Das Land ist eines der größten Exporteure von Arbeitern/-innen der Welt, da es die wachsende Zahl an Arbeitskräften auf dem eigenen Arbeitsmarkt nicht absorbieren kann (vgl. Zontini 2010, S. 63). Circa 10% der philippinischen Bevölkerung arbeitet im Ausland, das ist in etwa ein Viertel der Arbeitsbevölkerung (vgl. Weninger 2010, S. 149).

In den Jahren 2005 bis 2010 verzeichneten die Philippinen eine negative Nettomigration von - 900.000 und besetzten damit Rang fünf der weltweiten Liste der negativen Nettomigration (vgl. Weltbank 2011a, S. 88)[29]; es wandern also mehr Menschen aus als ein. Seit 1974 der damalige Präsident Marcos einen eigentlich kurzfristig auf die Entspannung der wirtschaftlichen Krise im Land hinwirkenden, wirtschaftlichen Strategieplan (the Labour Code of the Philippines) entwickelte, der die Arbeitsmigration von Filipinos/-as nach Übersee institutionalisierte, fördert und unterstützt die philippinische Regierung selbst die internationale Migration ihrer Bürger/-innen (vgl. Nititham 2011, S. 52). 1982 wurde auch eine staatliche Agentur (Philippine Overseas Employment Administration, POEA) geschaffen, die die Organisation und Kontrolle von Arbeitsmigration übernimmt (vgl. Michel 2010, S. 277). Im Jahr 2011 erlangten laut POEA 1.850.463 philippinische Bürger/-innen einen Arbeitsvertrag im Ausland (vgl. hier und im Folgenden POEA 2011). Diese Zahl ist in den letzten fünf Jahren gewachsen – 2007 betrug sie noch 1.306.078. Die Zielländer haben sich im Zeitraum 2007-2011 kaum verändert und befinden sich in erster Linie in Ostasien und am Arabischen Golf (vgl. Abb. 4).

Bei der Suche nach Ursachen für dieses große staatliche Engagement in einer eigentlich individuellen, privaten Angelegenheit ist eines entscheidend: Die Rücküberweisungen (Remittenden). Die durch sie hervorgerufenen erhöhten Devisen sind verlockend, da sie nicht nur die Familien der Emigranten/-innen unterstützen, sondern auch helfen, die seit der Marcos-Ära bestehenden Schulden bei Weltbank und Internationalem Währungsfonds zu begleichen (vgl. Nititham 2010, S. 53). Auch die durch Remittenden ermöglichten Investitionen, beispielsweise in Immobilien, Altersruhesitze oder Geschäfte und Unternehmen sind für den Staat interes-

---

[28] Vor der gegenwärtigen Massenauswanderung durch Arbeitsmigration war die Emigration in den Philippinen vor allem durch die kolonialen Bezüge zu den USA geprägt, die in drei Wellen ablief: während der Kolonialisierung (1900-1940), nach der Unabhängigkeit und dem zweiten Weltkrieg (1947 – frühe 1970er) und nach 1970 (vgl. Nititham 2011, S. 52).

[29] Nach Mexico (2.430.000), China (1.731.000), Pakistan (1.416.000) und Indien (1.000.000).

sant (vgl. Michel 2010, S. 275). Die Remittenden nehmen auf den Philippinen enorme Dimensionen an: 2010 betrugen sie laut Weltbank 21,3 Milliarden US-Dollar und waren für 12 % des Bruttoinlandsproduktes verantwortlich (vgl. Weltbank 2011b, S. 13f.).[30]

Abbildung 4: Hauptzielländer philippinischer Arbeitsmigration in 2011
Quelle: POEA 2011, eigene Darstellung

Migration ist auf den Philippinen ein allgegenwärtiges Thema und wird nicht stigmatisiert, sondern im Gegenteil eher glorifiziert – so werden international migrierende Mitbürger/-innen als „new heroes of the country" bezeichnet (vgl. Zontini 2010, S.63). Bemerkenswert ist, dass die meisten Migranten/-innen nicht aus armen Familien stammen, denn nur wer die extrem hohen Kosten für eine internationale Migration bezahlen kann, ist auch fähig zu migrieren (vgl. Zontini 2010, S. 66). So wird die Migration von vielen Familien als Mittel gesehen, ihren Mittelklassestatus zu halten oder sogar zu verbessern (vgl. ebd.). Ebenso ist die Mehrzahl der philippinischen Arbeitsmigranten/-innen gut ausgebildet: 40 % haben einen Hochschulabschluss, haben also eine tertiäre Bildung genossen (vgl. Reese/Wiese 2010,

---

[30] Weltweit waren es 2009 414 Milliarden US-Dollar, die als Rücküberweisungen nationalstaatliche Grenzen überschritten (vgl. IOM 2010, S. 117). Die Philippinen sind mit 21,3 Milliarde US-Dollar auf Platz 4 (nach Indien (55 Mrd.), China (51) und Mexiko (22,6)) der Liste der Länder mit den höchsten Remittenden (vgl. Weltbank 2011b, S. 13).

S. 164). Allerdings dominiert die niedrig bezahlte Arbeitsmigration in geschlechts-spezifischer Unterscheidung (männlich: Bauwirtschaft, Agrarwirtschaft, verarbei-tende Industrie und weiblich: Haushaltsarbeit, Unterhaltungsindustrie, sonstige Dienstleistungen) und wird der eigentlichen Qualifikation der Menschen nicht ge-recht (vgl. Chin 2003, S. 314).

In Bezug auf die Umstände und Folgen von philippinischer Migration ist Folgendes zu bemerken: Es ist auffällig, dass emigrierte Filipinos/-as überdurchschnittlich lange mit ihrem Heimatland involviert sind, was auch an einer stark familienorien-tierten Mentalität liegen mag (vgl. Flechtner 2010, S. 107). Außerdem bilden die Migranten/-innen zahlreiche transnationale (familiäre und zivilgesellschaftliche) Netzwerke, die sie mit den Philippinen verbinden und teilweise einen hohen Anteil an Armutsbekämpfung und wirtschaftlichen Fortschritt tragen (vgl. ebd., S. 108f.). Claudia Liebelt thematisiert in ihrem Aufsatz „Der Traum von grüneren Weideflä-chen, globale Hierarchien des Verlangens und Überwindungen" (Liebelt 2010) die unter anderem durch die koloniale Präsenz der USA entstandene philippinische Vorstellung von Amerika und dem Westen. Der Traum vom besseren Leben im Westen werde einerseits global-kapitalistisch produziert (Stichwort Werbung und Massenmedien) und andererseits durch die Erzählungen rückkehrender Schwes-tern, Tanten oder Nachbarn verstärkt (vgl. Liebelt 2010, S. 42ff.) und wird somit zum begünstigenden Push-Faktor philippinischer (Arbeits-)Migration. Die transna-tionale Migration großer Teile der Gesellschaft hat weitreichende soziale Folgen. Durch die Abwanderung von Frauen um den globalen Bedarf an *Care*-Arbeiterin-nen zu decken, entsteht auf individuell-familiärer Ebene eine *Care-Crisis* (Parreñas 2003, S. 39), die sich durch Phänomene wie die Fern-Mutterschaft äußert und vor allem für die Kinder der im Ausland arbeitenden Mütter[31] eine ernsthafte emotio-nale Belastung mit sich bringt.

---

[31] Auf den Philippinen wächst jedes vierte Kind in einem Haushalt auf, in dem ein oder beide El-ternteile im Ausland arbeiten (vgl. Hochschild 2010, S. 25).

5. Eigene empirische Untersuchung

Im Folgenden soll die Planung und Durchführung eines Forschungsvorhabens, also Forschungsziel und -frage, Methodenwahl / Erhebungsverfahren, Stichprobe, Auswertung und Feldphase in Bezug auf meine Untersuchung vorgestellt und erklärt werden.

5.1 Zielsetzung und Fragestellung

Wie schon eingangs erwähnt entstand die Idee für die vorliegende Untersuchung während meiner Tätigkeit im Centre for Newcomers. Die Arbeit mit den in der bezahlten Haushaltsarbeit tätigen Frauen weckte mein Interesse an deren sozialer Situation und motivierte mich, die vorliegende qualitative Untersuchung durchzuführen und die zugehörigen Daten innerhalb der Klientengruppe des Centre for Newcomers zu erheben. Die Interviews wurden also im Rahmen der Maßnahmen für *Live-in Caregivers* im Centre for Newcomers geführt.

Das Ziel der Untersuchung ist die Beschreibung der sozialen Situation der philippinischen[32] *Live-in Caregivers* in Calgary. Es handelt sich also um eine explorativ deskriptive Studie. Die Ergebnisse sollen dabei helfen, die soziale Situation und das soziale Handeln der Zielgruppe zu verstehen und dienen ebenfalls der Bedarfsermittlung. Diese kann eine Orientierung bei der Konzeptentwicklung für weitere Angebote im Centre for Newcomers bieten. Die transkribierten Interviews und eine englische Zusammenfassung der Ergebnisse wurden der Einrichtung dafür zur Verfügung gestellt.

Die Lektüre der einschlägigen Literatur zeichnet ein Bild der transnational migrierenden *Care*-Arbeiterinnen, das von prekären bis ausbeuterischen Arbeitsbedingungen, sozialer Marginalisierung in den Aufnahmegesellschaften und von transnationaler Migration induzierter psychosozialer Instabilität geprägt ist. Es stellt sich die Frage, inwieweit dieses Bild auch für die philippinischen *Live-in Caregivers* in Calgary zutrifft. Deshalb soll die soziale Situation, also die psychosoziale

---

[32] Natürlich gibt es in Calgary auch *Live-in Caregivers* anderer Nationalitäten. Die philippinischen Arbeitsmigrantinnen bilden aber, wie auch im übrigen Kanada (vgl. Kap. 4.1) die Mehrheit, sodass die Mehrzahl der Klientinnen der Angebote im Centre for Newcomers Filipinas sind. Ebenso ist die Zahl an männlichen *Live-in Caregivers* verschwindend gering. Deshalb wurde die Untersuchung auf weibliche *Live-in Caregivers* philippinischen Ursprungs begrenzt.

und sozioökonomische Lage dieser Frauen untersucht werden. Die psychosoziale Lage umfasst die (transnationale) Familiensituation, die psychische Verfassung der Frau und den emotionalen Unterstützungsbedarf. Die sozioökonomische Lage beschreibt die gesellschaftliche Positionierung von Individuen und lässt sich anhand der Indikatoren Bildung, Beruf, Einkommen und Prestige differenzieren.

Auf diese Weise ergibt sich folgende Fragestellung:

Wie gestaltet sich die soziale Situation, bestehend aus psychosozialen und sozioökonomischen Faktoren, von philippinischen Arbeitsmigrantinnen, die als *Live-in Caregivers* in Calgary arbeiten?

Daraus lassen sich weitere Unterfragen ableiten:

- Wie ist der Zusammenhang zwischen transnationalem Familienleben und emotionalem / psychosozialem Wohlbefinden beschaffen?
- Unter welchen Arbeitsbedingungen sind die Frauen beschäftigt?
- Wie beeinflusst die Bewertung der *Care*-Arbeit die psychische Gesundheit der Frauen?
- In welchen Bereichen / Situationen brauchen die Frauen Unterstützung?
- Warum gibt es offensichtlich Unterstützungsbedarf, obwohl die Pull-Faktoren so zahlreich sind?
- Welchen Einfluss haben migrantische Vorerfahrungen?
- Welchen Einfluss hat die Aussicht auf den Erhalt der unbegrenzten Aufenthaltsgenehmigung auf die Migrationsentscheidung?

5.2 Methodologie

Untersuchungsmethode: problemzentriertes, leitfadengestütztes Interview

Für die vorliegende Untersuchung wurde die qualitative Methode des problemzentrierten und leitfadengestützten, also halbstrukturierten Interviews gewählt. Eine Methode aus dem Repertoire der qualitativen Erhebungsmethoden zu verwenden, ist für ein Forschungsvorhaben wie das meine aus unterschiedlichen Gründen sinnvoll: Erstens müssen das nötige Vorwissen über die empirischen Techniken und der theoretische Wissenstand nicht so umfangreich sein wie bei einer vollstandardisierten, quantitativen Untersuchung (vgl. Schaffer 2002, S. 84). Zweitens bezieht sich mein Erkenntnisinteresse, wie bei einer qualitativen Studie üblich, auf die

Analyse der sozialen Situation der *Live-in Caregivers* in Calgary, also auf die Analyse ihrer Lebenswelt und der darin vorkommenden Strukturen und Regeln (vgl. ebd., S. 87). Mein Erkenntnisinteresse gilt „weniger [...] [dem] Beweis durch die ‚große Zahl‘, sondern [...] [dem] *Verstehen* von sozialem Handeln, dessen Beschreibung und Rekonstruktion anhand weniger Einzelfälle" (ebd., S. 46; Hervorhebung im Original).

Charakteristisch für problemzentrierte Interviews ist die offene Gesprächsstruktur, die den/die Interviewpartner/-in frei erzählen lässt (vgl. hier und im Folgenden Mayring 2002, S. 67ff.). Allerdings soll das Interview auf eine vorher gewählte Problemstellung, also die Forschungsfragestellung bzw. das Erkenntnisinteresse, fokussieren. Im Unterschied zu einem narrativen Interview wird mit einem teilstandardisierten Interviewleitfaden gearbeitet, der dem/der Interviewer/-in helfen soll, die Problemzentrierung beizubehalten und eine Vergleichbarkeit mehrerer Interviewpartner/-innen ermöglichen soll. Für die Leitfadenerstellung muss der/die Forscher/-in im Vorhinein wichtige objektive Aspekte des Forschungsgegenstandes erarbeiten. Die Analyse der Problemstellung und das Herausfiltern relevanter Fragestellungen müssen also vorangestellt sein. Der in der vorliegenden Untersuchung verwendete Leitfaden ist im Anhang abgedruckt.

Die Interviews werden mit Hilfe eines Diktiergerätes aufgenommen und anschließend unter Benutzung der Software f4 wörtlich transkribiert. Eine Liste mit den bei der Transkription angewandten Regeln und Abkürzungen findet sich im Anhang.

Stichprobenbeschreibung

Die Stichprobe setzt sich aus neun Frauen zusammen, die als Klientinnen im Centre for Newcomers an Angeboten für *Live-in Caregivers* teilgenommen haben. Der Stichprobenumfang beträgt also n = 9. Da es sich um eine qualitative Untersuchung handelt, die einen exemplarischen und nicht allgemein repräsentativen Charakter anstrebt, ist der Umfang der Stichprobe vergleichsweise gering (vgl. Schaffer 2002, S. 142). Der Kontakt zu den Frauen wurde durch die in diesem Bereich tätige Sozialarbeiterin Teresita Lim hergestellt. Zu diesem Zweck wurden mir die Kontaktdaten der als *Live-in Caregiver* arbeitenden Filipinas, die in den Jahren 2007 bis 2010 als Klientinnen registriert wurden zur Verfügung gestellt. Aus dieser Liste habe ich per Zufallsprinzip 20 Frauen mit einem Informationsschreiben, das das Interviewvorhaben erklärt, per E-Mail angeschrieben und um Teilnahme gebeten. Der Rücklauf von neun Personen, die bereit waren an einem Interview teilzunehmen, ergibt

die Stichprobe. Es handelt sich also um eine einfache Zufallsstichprobe (vgl. ebd.,
S. 143).

Die interviewten Frauen stammen alle aus den Philippinen und waren zum Zeit-
punkt der Interviews zwischen eineinviertel und drei Jahren in Kanada. Fünf der
Frauen arbeiten schon länger als zwei Jahre in Kanada, vier erst länger als ein Jahr.
Die Altersspanne reicht zum Zeitpunkt der Interviews von 27 bis 52 Jahre, wobei
der Großteil der Frauen zwischen 30 und 40 Jahre alt ist. Die Hälfte der Frauen ist
verheiratet; zwei sind getrennt und zwei alleinstehend. Alle Frauen arbeiten mit
Kindern, keine ist in der Pflege von Alten oder in der Betreuung von behinderten
Menschen tätig. Eine tabellarische Übersicht der Stichprobe findet sich auf S. 45.

Auswertung

Die Auswertung wird mithilfe des von Philipp Mayring entwickelten Konzepts der
qualitativen Inhaltsanalyse gefertigt. „Ziel der Inhaltsanalyse ist […] die Analyse
von Material, das aus irgendeiner Art von Kommunikation stammt" (Mayring
2010, S. 11). Im vorliegenden Fall sind dies die transkribierten Interviews. Mayring
unterscheidet drei Grundformen des Interpretierens: Zusammenfassung, Explika-
tion und Strukturierung (vgl. ebd., S. 65). Die Methode der inhaltlich strukturieren-
den Inhaltsanalyse ist für die vorliegende Untersuchung geeignet, da ein Quer-
schnitt durch das gesammelte Material gelegt werden soll, der dabei behilflich ist,
die soziale Situation der philippinischen Arbeitsmigrantinnen in Calgary zu unter-
suchen und zu beschreiben. Dabei sollen die Transkriptionen zu abgegrenzten
Themen abstrahiert zusammengefasst werden (vgl. ebd. S. 98). Dies geschieht mithilfe eines theoriegeleiteten und aus den Unterfragen der Forschungsfragestellung
entwickelten Kategoriensystems:

Migration

- Migrationsprozess und -motivation
   o Pull-Faktor Kanada
   o Push-Faktoren
- Vorerfahrungen im Bereich Migration
- Länge des Aufenthalts in Kanada
- Einwanderungspläne
- Subjektives Wohlbefinden im Aufnahmeland

Familie
- Familienkonstellation - Herausforderungen des transnationalen Familienlebens
***Care*-Arbeit**
- Arbeitsbedingungen - Wohnsituation - Bewertung der Arbeit - Unterstützungsbedarf - Bildung und beruflicher Hintergrund

Abbildung 5: Übersicht Kategoriensystem

5.3 Feldphase

Die Interviews fanden am 21.10.2010, am 23.10.2010 und am 30.10.2010 in den Räumlichkeiten des Centre for Newcomers statt. Der Ort wurde ausgewählt, weil es dort möglich ist, ungestört und mit guter Akustik zu reden und sich die Klientinnen dort wohlfühlen.[33] Das Centre ist für viele ein positiv besetzter Ort, an dem Freundschaften geschlossen, Hilfestellungen geboten und Vertrautheit in einer sonst befremdlichen Welt erlebt werden kann.

Die Interviews wurden in englischer Sprache geführt. Die Muttersprache der Befragten ist allerdings die auf den Philippinen weit verbreitete Sprache Tagalog, die der Forscherin Deutsch. Dies hatte sicherlich einen Einfluss auf das Interviewgeschehen. Auch wenn die meisten der interviewten Frauen fließend Englisch sprachen, ist auffällig, dass im Redefluss oft nach den richtigen Worten gesucht oder Sätze und Gedanken nicht vollständig beendet wurden. Möglicherweise hat die

---

[33] Zur Wichtigkeit der sorgfältigen Ausgestaltung des Interviewrahmens vgl. Helfferich 2009, S. 177f.

geringere sprachliche Gewandtheit einen Einfluss auf die Ausführlichkeit und die emotionale Tiefe der Erzählungen. Dies gilt für Interviewte und Interviewerin gleichermaßen. Zusätzlich ist anzumerken, dass Interviewte und Interviewerin aus unterschiedlichen Kulturkreisen stammen und somit Unterschiede bezüglich der Sozialisation vorliegen, die die Gesprächssituation möglicherweise auch beeinflusst haben.

Bezüglich der Durchführung konnte das Folgende beobachtet werden. Die Frauen waren einerseits sehr offen und haben viele persönliche Dinge erzählt, in manchen Fällen war der Gesprächsfluss jedoch auch stockend. Eine Erklärung hierfür könnte die sprachliche Barriere sein oder die mangelnde Erfahrung in Interviewführung seitens der Interviewerin. Im Hinblick auf den Fragestil der Interviewerin ist auch der häufige Gebrauch von geschlossenen oder suggestiven Fragen zu bemerken, was auf die mangelnde Erfahrung zurückzuführen ist. Ebenso auffällig ist das Bestätigen von Aussagen durch Wörter wie „right", „good" etc. Dies hat auf Seite der Befragten möglicherweise eine Erwartungshaltung suggeriert, im Folgenden nur ähnliche Antworten zu geben, und dadurch eventuell die Objektivität des Interviews beeinflusst.

Es ist an dieser Stelle auch anzumerken, dass auf den E-Mail-Aufruf vor allem Frauen reagiert haben, die auch an den von der Interviewerin durchgeführten Workshop-Angeboten im Centre for Newcomers teilgenommen hatten. Es bestand dadurch bereits ein Vertrauensvorschuss gegenüber der Interviewerin. Positiv daran ist, dass dies die Erzählbereitschaft erhöht haben mag; Negativ, dass die Interviewerin sicherlich nicht vollständig neutral agieren und fragen konnte.

Außerdem ist kritisch zu reflektieren, dass der Interviewleitfaden teilweise Lücken aufweist, die durch ein tiefgreifenderes Studium der betreffenden theoretischen Hintergründe, also umfangreicheres Vorwissen der Forscherin hätten vermieden werden können. Aus heutiger Sicht, nach intensiver Auseinandersetzung mit der Thematik würde ich beispielsweise Folgendes ergänzen: Im Bereich des familiären Kontextes die Frage nach der Dauer der Trennung von der Familie bzw. der Häufigkeit der Besuche. Ebenso würde ich eine Frage ergänzen, die konkreter auf die Unterstützungsstrukturen der Großfamilie abzielt. Bezüglich der *Care*-Arbeit fehlt eine explizite Frage nach dem Bildungsgrad ebenso wie die Frage nach konkreter Benennung der Aufgaben und des Verdienstes im jeweiligen Arbeitsarrangement.

Soziale Merkmale der Stichprobe

Nr.	Alter	Geschlecht	Kinder	Herkunftsland	Ankunft Kanada	Arbeitsbereich	Auslandsvorerfahrung
01	39	weiblich	1 (10 J.)	Philippinen	Jan.-März 2009	Kinderbetreuung	Naher Osten
02	32	weiblich	1 (8 J.)	Philippinen	Apr.-Juni 2008	Kinderbetreuung	Keine
03	49	weiblich	1 (21 J.)	Philippinen	Okt.-Dez. 2008	Kinderbetreuung	Hongkong und Thailand
04	52	weiblich	2 (18, 24 J.)	Philippinen	Jul.-Sept. 2008	Kinderbetreuung	Griechenland
05	37	weiblich	1 (10 J.)	Philippinen	Okt.-Dez. 2007	Kinderbetreuung	Frankreich
06	40	weiblich	3 (9, 11, 12 J.)	Philippinen	Jan.-März 2009	Kinderbetreuung	Keine
07	27	weiblich	Keine	Philippinen	Jul.-Sept. 2009	Kinderbetreuung	Hongkong
08	32	weiblich	Keine	Philippinen	Okt.-Dez. 2007	Kinderbetreuung	Norwegen
09	46	weiblich	2 (18 J.)	Philippinen	Okt.-Dez. 2007	Kinderbetreuung	Taiwan

Abbildung 6 Tabellarische Übersicht sozialer Merkmale der Stichprobe

6. Auswertungsergebnisse

„I left my son to take care of other kids"(No.05, Z. 43)

Die soziale Situation der philippinischen *Live-in Caregiver*s in Calgary, Kanada lässt sich anhand der drei Dimensionen Migration, Familie und *Care*-Arbeit beschreiben.

6.1 Die soziale Situation im Kontext der Migrationsbiographie

6.1.1 Migrationsprozess – von der Entscheidung zur Einreise

Zunächst ist wichtig zu erfahren, warum die Frauen überhaupt ihr Heimatland verlassen haben – was war die Migrationsmotivation? Diese wird anhand von Push- und Pull-Faktoren differenziert.

Bei der Entscheidung für die Arbeitsmigration spielt Geld eine zentrale Rolle. Sieben von neun Frauen nennen finanzielle Schwierigkeiten und die Aussicht auf bessere Verdienstmöglichkeiten im Ausland als primären Grund für ihre Emigration. Dabei ist nicht Geldgier das Entscheidende, vielmehr soll mit dem Geld die Familie, oft auch weitere Verwandte, unterstützt werden. So berichtet beispielsweise eine Interviewte, von dem Geld auch Medikamente für ihre erkrankte Mutter zu bezahlen.

> „[...] But this is my, like another way of my like caring. Like the amount of money that my mom needs for her medication. Because if I'm going to work in the Philippines as a teacher I will just, let's say, receive 300 Dollars a month - for being a teacher. But in here it's totally different. Like I really helped my mom with her medication and expenses in the house. [...]" (No. 02, Z. 103)

Dies wird allerdings auch als Dilemma wahrgenommen:

> „Especially if my kid is sick. That's the time that I really, really wanna go home. But it's kinda hard too, because if I go home then, I don't have the money. How can I bring him to the hospital, if I don't have the money. So it's always money." (No. 05, Z. 53)

Die Frauen benennen, dass es einerseits schmerzlich sei, weit weg von der Familie zu arbeiten, andererseits sei es wichtig, die Familie, insbesondere die Kinder, aus-

reichend zu versorgen, und es ist klar, dass dies ohne das im Ausland verdiente
Geld schwieriger wäre. So entsteht ein Gefühl der Hilflosigkeit und Zerrissenheit.
Eine weitere Frau berichtet, dass sie aufgrund der Wirtschaftskrise und der daraus resultierenden Rezession gekündigt wurde und deshalb den Weg nach Kanada
gewagt hat.

> „Okay. Well the main factor that I left Philippines, because um the company that I
> work with, um because of the recession you know, it's, it's global, so, um they have ah
> cost cutting. So we were the youngest among the employees [...] so we were the can-
> didates. *(laughs)* [...]" (No. 06, Z. 11)

Nur für eine der Befragten war eine persönliche Krise der direkte Grund für ihre
Migration. Sie sieht die Arbeit im Ausland – erst Hongkong, dann Thailand und
schließlich Kanada – als Ausweg aus ihrer gescheiterten Ehe. Dabei ist interessant,
dass sie dem Sohn die Trennung vom Vater die ganze Zeit über – zum Zeitpunkt
des Interviews seit 12 Jahren – verschwiegen hat.

> „Okay, in the Philippines we don't practice divorce because we're a Catholic country,
> 90% of us are Catholics and it is very strong in our culture. However we cannot also
> say that we stick to our own culture, it depends upon the individuals like me. So I am
> married back in the Philippines for 20 years now. But when I went abroad, starting in
> two thousand, uuum, oh 1998, that is 12 years ago I realized that my marriage was,
> was, eh, needed to be fixed. That's what I thought. But working abroad is just like
> leaving your husband behind and when you go back to your place you, you have that
> tendency to you don't know your husband anymore. Because personally speaking I do
> have already conflicts or problems with him before I left. That's why I went abroad.
> But then it added when I went abroad. Do you get what I mean? So instead of fixing
> it, it was broken. [...]" (No. 03, Z. 31)

Zwei der neun Interviewteilnehmerinnen berichten auch davon, dass die Großfamilie bei der Entscheidung zu emigrieren eine Rolle gespielt hat. In einem Fall
drängte die Schwiegermutter wegen höherer Einkommen zur Arbeitsmigration, im
anderen Fall empfindet die Interviewte, dass sie an der Reihe ist, die Familie zu
unterstützen.

> „Mh hm, yeah. Okay. Cause before, ah, I have sister in Hamilton, in Ontario. Um, be-
> fore, cause, um, she's supporting us, ever since. Since, since, ah, she leave our coun-
> try. Like and then like and she already got married and like, ah, in sure, it's financially
> problem. In the end like you know, who supports our family? You know our country,
> like supporting each other. Yeah, so it's like a family matters." (No. 08, Z. 11)

Als weiterer Push-Faktor kann die Perspektivlosigkeit auf den Philippinen gesehen
werden. Ausschlaggebend sind die globalen Lohndifferenzen und der Wunsch, den
Kindern ein besseres Leben als das eigene zu bieten.

„[...] I don't know maybe if you live in the Philippines for three years you tell us, no I
don't wanna live in the Philippines again. Yeah it's hard to live in the Philippines. Especially if you live in a city. And you don't have like... Even if you're an educated
person, you won't receive enough money to sustain what you need, or to send your,
your daughter to school. Because it's really expensive to send your daughter to a private school. You can send them to public school. But you know the quality of teach-
ing is not that good compared to private. So, yeah. That's why oh we better go to
Canada, where the education until grade 12 is free. Yeah. So..." (No. 02, Z. 183)

Insgesamt nennen sechs Frauen die Migration nach Kanada als die Chance auf eine
bessere Zukunft für sich, aber in erster Linie für ihre Kinder. Sie glauben, ihren
Kindern in Kanada eine bessere Ausbildung ermöglichen zu können. Auffällig ist,
dass manche dies auch für sich selbst wollen: Sie haben beispielsweise vor zu studieren oder freuen sich auf einen Job als Lehrerin und nutzen somit das LCP nur
als Zwischenstation bzw. Einwanderungsstrategie. Andere wiederum scheinen alles
nur wegen der Kinder zu tun, sie zeigen für ihr eigenes Leben wenige Ambitionen.

Bei der Frage, warum Kanada als Einwanderungsland gewählt wurde, wo es doch
noch andere Länder gibt, in denen die Löhne höher und die Bildungsmöglichkeiten
für die Kinder besser sind, wurden einige Aspekte genannt. Der wichtigste ist wohl
das LCP an sich und die darin enthaltene Möglichkeit der dauerhaften Einwanderung nach Kanada. Sechs der neun Frauen antworteten auf die Frage, warum ihre
Wahl auf Kanada gefallen ist, direkt, dass es ein Weg ist, nach Kanada einzuwandern. So auch Interviewpartnerin drei, sie verallgemeinert es sogar in ihrer Aussage
und spricht von der Einwanderungsstrategie vieler Filipinos/-as, die die hohen Kosten der normalen Einwanderung umgeht.

„This is the only chance, and our way of going to Canada, because we can also be
landed immigrants but it takes a lot of money from us, which we cannot afford, most
of us Filipinos. So, we sorted it out into the best one, into Live-in Caregivers, which I
believe is very practical." (No. 03, Z. 23)

Bemerkenswert ist, dass dies von den Frauen, die schon älter sind und schon in
anderen Ländern als Haushaltsarbeiterinnen gearbeitet haben, verstärkt als Unterschied zu den anderen Ländern gesehen wird. Eine Frau hat beispielsweise schon
25 Jahre in Griechenland gearbeitet, bevor sie sich entschloss, für ihre Kinder nach
Kanada zu migrieren. Interviewpartnerin neun fasst diesen Aspekt wie folgt zusammen:

„Yes, cause I went to Taiwan, two, three times like that. But, um, it's the same, you
just stay as domestic helper, you cannot apply for residency so, when it was, in Taiwan when they said it's open to come here in Canada so I said okay I can apply. [...]"
(No. 09, Z. 25)

Ein weiterer wichtiger Grund nach Kanada zu kommen, ist die große Filipino-Diaspora dort (vgl. Abschnitt 4.1 dieser Arbeit). Die meisten Familien haben Verwandte oder Freunde/-innen in Kanada, die vom Leben dort erzählen und den Traum von einem besseren Leben in Kanada nähren. Zusätzlich ist es natürlich auch verlockend, nach Jahren der Trennung ebendiesen Verwandten geographisch wieder näher zu sein. Dies gilt für Verwandte wie für Freunde/-innen gleichermaßen. Sieben der neun Befragten nennen Freunde/-innen und Familie als begünstigenden Faktor bei ihrer Entscheidung für Kanada.

Schließlich werden als Pull-Faktoren auch noch individuelle Gründe genannt, die vom in den Philippinen vorherrschenden positiven Image der westlichen Welt (siehe Abschnitt 4.2 dieser Arbeit) geprägt sind.

> „Yeah, it is always my dream to come to Canada. Even when I was in Greece. Whenever I passed the Canadian embassy in Greece and I looked up the flag I said someday I'm coming there. Because, ah, we all dream of coming to Canada. And US of course. Because we always think that Canada, um, it's a great country to live and work and for my children to grow and to have their own family. That is the main reason why I like to go to Canada. For my children, not for myself because, um, when you are old why do you have to go to Canada? It's for younger people! Because us, what we will just, I retired and that if my children will be here, they will have a very good future. It's like, saying that Canada is like greener pasture they said..." (No. 04, Z. 16)

Zusätzlich ist es verlockend in einem freiheitlichen Land zu leben. Bemerkenswert ist, dass die betreffende Person vorher ca. 20 Jahre lang in Ländern des Nahen Ostens als *domestic helper* gearbeitet hat.

> „Because Canada. Here in Canada we have a freedom. Because in Canada even what kind of nationality you are, they are... the government here, ah, they, they, they what do you call that, ah, they treat you the same." (No. 01, Z. 21)

Familie und Freunde/-innen sind auch bei der Frage, wie der Kontakt zum ersten Arbeitsarrangement zustande gekommen ist, wichtig. Fünf der neun Interviewpartnerinnen arbeiteten zunächst bei einem Familienmitglied (Schwester oder Kusine) oder kamen über Freunde/-innen an eine Arbeitsstelle.

> „Yes, and then after I think almost four years my cousin in Canada, um, asked me if I wanna come. Because instead of, um, you know, um, hiring a Filipina from the Philippines it's better for that she hired me. Because I have the experience already with babies. [...]" (No.5, Z. 27)

Nur drei Befragte benutzten das Angebot einer Vermittlungsagentur, wobei eine dabei sehr schlechte Erfahrungen gemacht hat. Die Agentur stellte sich als Farce heraus, sodass sich die Frau erneut für eine Arbeitsgenehmigung bewerben musste.

Eine Frau kam gemeinsam mit ihrem damaligen Arbeitgeber nach Kanada, der aus Jordanien nach Kanada migriert ist.

6.1.2 Vorerfahrung im Bereich Migration

Zwei der neun Befragten hatten keine migrantische Vorerfahrung und waren direkt aus den Philippinen nach Kanada gekommen. Eine Frau hat in verschiedenen Ländern im nahen Osten (Kuwait, Libanon, Katar und Jordanien) gearbeitet und dort sehr unterschiedliche Erfahrungen gemacht. In Kuwait war ihr Arbeitgeber Teil der königlichen Familie und hatte 120 Hausangestellte in seinem Palast, die Arbeitsbedingungen waren laut der Befragten allerdings sehr gut. Es gab feste Arbeitszeiten und sie fühlte sich gut behandelt. Das Gegenteil war in Jordanien der Fall, wo sie sehr schlechte Erfahrungen gemacht hat.[34] Auf die Frage, warum sie in Kuwait aufgehört hat, war dies die Antwort:

> „[...] Because I decide if I stay here for how 20 years nothing will happen to me. I will become old like this. Let me try go another country. But when I start to work in Jordan then I realized if I know it's like this I never left there in Kuwait. Because there, even they are royal family, they treat you as a human. They treat you, they know that you are tired. But here in Jordan you are a servant." (No. 01, Z. 189)

Drei der neun Interviewten haben vorher in europäischen Ländern gearbeitet. Eine war für 25 Jahre bei einer Familie in Griechenland, sie scheint sich dort wohl gefühlt zu haben und von der Familie gut behandelt worden zu sein. Eine andere arbeitete für vier Jahre bei verschiedenen Arbeitgebern als *live-out* Nanny in Paris. Die Dritte war drei Jahre lang als Au-Pair in Norwegen. Sie betont, dass die Arbeit dort gut war, weil sie nur für die Kinderbetreuung zuständig war und außerdem noch einem Nebenjob nachgehen durfte (das geht im LCP nicht). Sie stellt allerdings auch klar, dass Au-Pairs eigentlich nicht für die Arbeit da sind, sondern um die Kultur des fremden Landes kennen zu lernen.

Zwei der Befragten waren in Hongkong als *domestic helper* beschäftigt und berichten von teilweise prekären Arbeitsverhältnissen. Lange Arbeitszeiten, keine Privatsphäre und Aufgaben, die nicht in den Bereich der Haushaltsarbeit fallen, zeichnen die Erfahrungen der beiden Frauen. Dies wird durch folgenden Ausschnitt aus Interview sieben deutlich:

---

[34] Siehe nähere Beschreibung des Falls auf S. 60f.

Person 07: „No, because, um before it was winter, and I paint their house, painting and lots of work. And then, they didn't have allowed me, to, to wear gloves. Yeah, if, if I during cleaning time, especially in the bathroom. Ohh..."

Interviewer: „Ou, you kinda wanna wear gloves..."

Person 07: „Yeah, then, what I gonna do, I lock the door and I hide some gloves... *(laughs)* And then they had a washing machine, they said, don't use the washing machine to wash, the, the cloths, um, use your hands. But what I gonna do I just ( ), yeah because they not allow me to use the washing machine, they said it's wasting the electricity. Energy... ( )."

Interviewer: „Mh hm..."

Person 07: „And, um, the food, it's not enough for me..."

Interviewer: „In that family?"

Person 07: „Not enough the food. Oh, then, what else... because some, I didn't have privacy..."

Interviewer: „Well if you didn't have your room, then you didn't have any..."

Person 07: „Yeah, they didn't allow me to use the phone, so what I did do, because I was applying for Canada, I used it at night."

Interviewer: „Mh hm."

Person 07: „I can contact, or I had an excuse to go out, for a walk, but using the phone."

(No. 07, Z. 304-314)

Weitere zwei der neun Interviewteilnehmerinnen waren in anderen asiatischen Ländern tätig. Eine Frau war sieben Jahre lang in Thailand, wo sie als Sonderschullehrerin ein Kind mit Down-Syndrom im Einzelunterricht förderte. Die andere Frau war zweimal für jeweils drei Jahre in Taiwan als Haushaltsarbeiterin beschäftigt. Außer von Sprachschwierigkeiten berichtet sie von keinen Problemen.

6.1.3   Einwanderungspläne

So unterschiedlich die Vorerfahrungen im Ausland sind, haben sie dennoch eines gemeinsam: Hauptgrund nach Kanada zu gehen, ist stets die dort bestehende Möglichkeit, eine zum Familiennachzug berechtigende unbegrenzte Aufenthaltsgenehmigung zu bekommen und auch anderen Beschäftigungen nachzugehen, anstatt das ganze Leben eine migrantische Haushaltshilfe zu bleiben.

Fast alle Befragten planen, ihre Familie nachzuholen, sobald sie den unbegrenzten Aufenthaltstitel haben. In den meisten Fällen ist dies auch von den Kindern erwünscht. Auffällig ist aber, dass die jüngeren Kinder weniger zögern, als die älteren. Bei ihnen steht häufig die Ausbildung an erster Stelle, viele wollen erst ihr Studium in den Philippinen beenden und dann nach Kanada migrieren.

> „No, they really like to come. My younger son just told me that um mommy, um, ah I just want to finish my studies first here in the Philippines and then I will come. That's what he told me, but I said, if your papers come and you have to be here. That's why I sacrifice myself to be separated from your, from your dad. Because of the, because I want you to be here with me in Canada. I want to get you. Yes." (No. 04, Z. 176)

Bemerkenswert ist auch, wie die Frauen sich und ihre Familien auf den Nachzug vorbereiten. Sie planen mit der offenen Arbeitsgenehmigung weitere Jobs anzunehmen, um Geld zu sparen für ein Haus oder ein Auto. Außerdem schwärmen sie den Kindern von den Vorteilen Kanadas vor, um den anstehenden Wechsel so reizvoll wie möglich zu machen.

> „Yeah that's why I'm so excited for her. Cause she will see four seasons. She's so excited about the snow. She doesn't know what. Before I was so excited about that, but no not anymore. *(laughs)* So I always tell her about exciting moments that she will see here, that's why she's not that sad." (No. 02, Z. 179)

Nur eine Frau hat noch keine Pläne für den Familiennachzug. Sie ist aber auch mit 27 Jahren die jüngste Teilnehmerin und hat noch keine eigene Familie. Sie äußert allerdings den Wunsch, ihren Eltern das Leben in Kanada zu zeigen.

6.1.4   Subjektives Wohlbefinden im Aufnahmeland (Kanada)

Die Grundstimmung bei diesem Thema ist sehr positiv, die Frauen fühlen sich in Kanada wohl und stellen die Aufnahmebereitschaft, die Offenheit und die Freundlichkeit der kanadischen Gesellschaft heraus.

> „Like I feel I'm welcome. And you know I'm happy. Like nobody can say to me don't do that. It's not good. This is against from the religion. Or like this. That's why I'm happy here. They don't care about you." (No. 01, Z. 135)

Nur zwei von neun Interviewten haben ein eher ambivalentes Gefühl bezüglich ihres Wohlbefindens in Kanada. Die eine führt dies auf Fremdsein und versteckten Rassismus zurück, die andere entdeckt Grenzen der kanadischen Offenheit, seit sie nicht mehr als *Live-in Caregiver* arbeitet und sich außerhalb dieses im Grunde ziemlich geschützten Rahmens zurechtfinden muss.

Keine der Befragten hat bisher rassistische Erfahrungen gemacht. Allerdings berichten drei Frauen, dass es manchmal Situationen gibt, in denen verdeckter Rassismus gegen sie als Angehörige einer *visible minority* zu spüren ist.

> „And also sometimes you know, I, some of the um, because, maybe I'm Asian, some days they don't keep... They don't pay attention when I talk, and then sometimes when my husband's cousin... My cousins husband is with me I'm the one who was, who's asking them and then they see my cousins husband, because he's white, so he will, they will talk to my cousins husband instead of me." (No. 05, Z. 174)

Es gibt drei wiederkehrende Themen, die die interviewten Arbeitsmigrantinnen beim Einleben als erschwerend empfanden: die Sprache, das Klima und das Essen.

> *Person 02:* „[...] So it's, sometimes it's hard. Especially the language. It's hard to communicate. Sometimes I misinterpret my employer and sometimes she misinterpret me too. So there are things I want to say but I couldn't. Yeah I need to express myself. The first is language. The food is also, it's hard to adjust to, with the food."

> *Interviewer:* „So different, is it?"

> *Person 02:* „Yeah it's so different. And the way we eat it's different in the Philippines. And the weather of course." *(laughs)*

> (No. 02, Z. 99-101)

6.2 Die soziale Situation im familiären Kontext

6.2.1 Familienform

Allgemein lässt sich sagen, dass alle interviewten Frauen ein transnationales Familienleben führen, weil alle alleine nach Kanada migriert sind und ihre Familien auf den Philippinen zurückgelassen haben. Da viele der Frauen schon in anderen Ländern gearbeitet haben, bevor sie nach Kanada migrierten, sind die Familien schon viele Jahre getrennt – zwischen 2 und 24 Jahren.[35]

Die Gruppe der interviewten Frauen lässt sich bezüglich ihrer Familienform differenzieren. Fünf Frauen sind verheiratet, zwei getrennt (nicht geschieden) und zwei ledig. Vier Frauen haben Kinder im Grundschulalter, drei erwachsene Kinder und zwei keine.

---

[35] Bedauerlicherweise zeigt sich an dieser Stelle eine Lücke des Gesprächsleitfadens: es wurde nicht explizit abgefragt, wie lange die Frau schon von ihrer Familie getrennt ist. Die obigen Angaben sind den sonstigen Antworten entnommen. Ebenso wurde nicht abgefragt, wie oft schon Besuche stattfanden, es lassen sich hierzu also keine Angaben machen.

Bezüglich der Betreuungsarrangements für die Kinder bei Abwesenheit der Mutter gibt es dieses Ergebnis: In drei Fällen wird die *Care*-Arbeit auf die Großeltern umverteilt, in zwei Fällen ist der Vater der Kinder Hauptversorger, in einem Fall eine Tante und eine Frau stellt ein Kindermädchen für die Betreuung ihrer Tochter ein, da ihr Mann selbst arbeiten geht.

6.2.2 Herausforderungen des transnationalen Familienlebens

Es ist deutlich, dass alle Teilnehmerinnen ihre Familien, also ihre Kinder, ihren Mann und auch ihre Herkunftsfamilie schmerzlich vermissen. Die Frage nach den Kindern war in fast allen Interviews ein sehr emotionaler Moment. Alle mussten um ihre Fassung ringen und hatten mit Tränen zu kämpfen. Bei einer Frau zeigte sich eine besondere Schwierigkeit des transnationalen Lebens. Sie erfuhr am Tag des Interviews vom Tod ihrer Mutter. Es fällt noch schwerer, dieses an sich schon tragische Ereignis zu ertragen, wenn man nicht bei der Familie sein und die Trauer teilen kann.

Es wird auch ersichtlich, dass die Frauen mit Auslandsvorerfahrungen weniger häufig von Heimweh berichten, als jene, die direkt von den Philippinen nach Kanada gekommen sind. Es geht hier weniger um das Vermissen der Familie, als um das Heimweh nach den Philippinen. Bemerkenswert ist auch, dass die Teilnehmerin, die ledig und ohne Kinder ist, konstatiert, kein Heimweh zu haben – offenbar ist die Arbeit in Kanada für sie ein aufregender Auslandsaufenthalt.

Unabhängig von Heimweh und Sehnsucht nach der Familie zeigen sich vier weitere Aspekte, die die Frauen als besonders herausfordernd bezeichnen. Durch die jahrelange Trennung entstehe eine große Einsamkeit, die besonders nachts zum Ausdruck komme.

> „Oh, it's, during the day it's, it's okay. Cause when I'm with the kids, or the children I'm looking after, it's fine. Cause it's like, like you don't think about your family back home when you're working right. But during the night time. That's the, yeah it's hard, when you're alone." (No. 02, Z. 36)

Zweitens werden die Dinge verdeutlicht, die sie für ihre Familie durch die Teilnahme am LCP opfern: die eigene berufliche Karriere und das gemeinsame Familienleben.

> „I, they were, I, I sent my children to the Philippines because there's no way I can take care of them while I'm working in Greece. It's very difficult. So I sent him when he was only six months. *(pauses, and starts crying)* I don't like to cry." (No. 04, Z. 50)

„The, yes, I, I didn't watch them... oh it's my mother gonna do that for them yeah and
that's why I gonna miss their childhood, that, the, I cannot be the one to take care of
them, but, ah, for the circumstances you know..." (No. 09, Z. 61)

Drittens benennen alle Frauen Schuldgefühle darüber, die Familie, vor allem die
Kinder, für die Arbeit im Ausland zurückgelassen zu haben, und nicht uneinge-
schränkt für sie da sein zu können. Ein viertes Thema scheint die Auseinandersetzung mit der Ironie der Umverteilung der Reproduktionsarbeit auf Migrantinnen zu
sein: die eigenen Kinder werden verlassen, um für die Kinder einer anderen Familie zu sorgen.

Person 05:   „Of course I miss my family."

Interviewer: „You miss them."

Person 05:   „And it's ironic, because um I left my son to take care of other kids."

Interviewer: „Yeah it is ironic."

Person 05:   „And it's really bad. I feel, I feel really bad."

(No, 05, Z. 41-45)

Abgesehen von der Aussage, dass die Kinder sie ebenso vermissen, werden die
Folgen für die Kinder von den Frauen kaum thematisiert.[36] Eine Frau stellt Schul-
schwierigkeiten ihres Sohnes dar, die sie auf den durch ihre Abwesenheit entstehenden Verlust an Nähe zwischen sich und ihrem Sohn zurückführt. Eine andere
berichtet davon, wie schwer es ihrer Tochter fiel, sich an ihre Abwesenheit und das
Fehlen der physischen Nähe zu gewöhnen. Dies wird von der Mutter mit der Aussicht auf das Erlebnis des Fluges nach Kanada und dem Fahrrad, das sie ihr dort
schenken wird, besänftigt.

„Yeah at first it was hard for her, because we're always together. And yeah during the
first few months it's really hard for her, she always cried and looked for me. But now
she's, I always tell her that, don't worry, soon cause we are going to be together.
Cause the only, one of her dreams is to ride a plane, an airplane. Cause she's never
been in an airplane. So that's why I always tell her. Oh don't worry. Soon you will be
in an airplane with me and with your dad. So she's looking forward to be with me and
with my husband. That's why she's happy. [...] So I always tell her, don't worry, that
we're not together. But soon we're going to be together. I'm gonna buy you a bike.
Cause that's what she wants. To have a, have her own bike. *(laughs)* Cause she can't
do the biking in our place. So crowded. Cause we're living in Manila." (No. 02,
Z. 171)

---

[36] Eine Frage diesbezüglich war nicht im Gesprächsleitfaden enthalten. Ich würde sie jedoch auch
jetzt nicht integrieren, da der Fokus der Untersuchung auf den Frauen und nicht auf den Kindern
liegt.

Eine der Frauen verweist noch auf das Spannungsfeld, das entsteht, wenn man aus der mehrheitlich restriktiven, kollektiven und rigiden Gesellschaftsstruktur der Philippinen nach Kanada kommt und dort eine relativ freiheitliche, individualistische Gesellschaft vorfindet. Ihrer Meinung nach zerstört dieses Spannungsfeld so manche Familienverhältnisse, weil es für die Frauen zu schwierig wird, den daraus entstehenden Konflikt auszuhalten.

6.2.3 Familiäre Unterstützungsstrukturen

Die Unterstützung des Familienclans und die Rücküberweisungen wurden im Leitfaden nicht gesondert thematisiert, sie tauchten dennoch in vielen Gesprächen auf und es lassen sich einige Gemeinsamkeiten feststellen. An erster Stelle wird natürlich die Kernfamilie, also die Kinder, der Mann, teilweise auch die Eltern von den Remittenden unterstützt. Interviewpartnerin sechs schildert, wie sie die dafür notwendige Budgetierung des Geldes als Herausforderung wahrnimmt:

> „[...] you know expenses, you have to send and then, I have to pay for my own needs and then, ah, my husband has no work now, so I am the sole breadwinner. Yeah, so I have to, to really budget everything, but you know, the, the compensation is not enough. Although, the, ah the money exchange is higher, like the rate, the conversion of money, the, Canadian Dollar to Philippine Peso. It's, it's higher. But still it's not enough. *(laughs)"* (No. 06, Z. 62)

Es wird jedoch auch sichtbar, dass kollektive Familienstrukturen existieren, in welchen auch entferntere Verwandte unterstützt werden. Teilweise tradieren sich diese Abhängigkeitsverhältnisse über Generationen.

> „[...] And my niece, my nieces in, in, in Philippines, like to support. Actually that's who I'm gonna support then. Like their tuitions. because, ah, that's what I told you before, because my auntie we're seven in the family to support us, so it's just a kind of return like, um, um it seems like it's our turn. Or it's my turn, cause my, my sister, I talked to her. ah, she talked to me already, like, C., it's your turn! I need to, cause she already have a, have kid. So, it's your turn... [...]." (No. 08, Z. 263)

Zusätzlich formiert sich eine weitere Problematik: Die Zurückgebliebenen gehen davon aus, dass das Geld einfach und schnell zu verdienen sei; die Arbeitsmigrantin jedoch ist mit neuen Lebensbedingungen, wie beispielsweise höheren Lebenshaltungskosten, konfrontiert. Es entsteht so eine asymmetrische Erwartungshaltung, die konträr zu den weiteren Karrierewünschen in Kanada sein kann und in vielen Fällen einschränkend wirkt.

> *Person 05:* „Yeah, yeah. That's why they feel bad for other caregivers, because some of the caregivers I asked, why don't you go back to school. Espe-

cially those single. They got their permanent resident already and still
nannying, But because they cannot go to school because they need to
send a lot of money back home. Because the whole clan is..."

Interviewer: „Depends on the person who works outside..."

Person 05:   „Yeah!"

(No. 05, Z. 304-306)

6.2.4   Bewältigungsstrategien

Bewältigungsstrategien, wie mit den Herausforderungen transnationaler Migration
umgegangen wird, wurden nicht abgefragt, es lassen sich anhand der Aussagen
gleichwohl einige differenzieren. Genannt wurden erstens die Fokussierung auf die
zeitliche Begrenzung der Situation, zweitens der Kontakt mit anderen Filipinas in
ähnlicher Situation und das Vermeiden von Alleinsein, drittens freiwilliges Engagement, viertens die übermäßige Weitergabe von Liebe an die zu betreuenden Kinder und schließlich fünftens der regelmäßige und ausgiebige Kontakt mit der Familie via Internet.

„It's hard. Yeah. But it's the reality, I have to accept the fact that. It's not permanent
situation. Like um, it's just temporary and I'm waiting of the day that she will come
here and then I can take good care of her again." (No. 02, Z. 117)

„Yeah. And you know. Of course, if you're doing something during the weekend,
cause you're always looking forward to be with other nannies or caregiver who have
the same situation [...]. So that you don't feel that sad. Yeah." (No. 03, Z. 125)

„Ah, actually it's kinda feel the emptiness, that you know, because I'm missing my
son, So I have so much love to give them." (No. 05, Z. 107)

„And also communicate with him through phone and E-mail and everything and I always assure him that I love him so much. So that's it. But of course he always tell me
in the letter that he misses me so much and he loves me so much." (No. 03, Z. 49)

6.3 Die soziale Situation im Kontext der Care-Arbeit

6.3.1   Arbeitsbedingungen

Alle interviewten Frauen arbeiten in Familien mit Kindern. Das Alter der betreuten
Kinder reicht vom Säuglings- bis ins Teenageralter, wobei die Mehrzahl jüngere
Kinder sind. Die Familien haben zwischen einem und vier Kinder, die Mehrheit
versorgen aber nur zwei Kinder. In den meisten Fällen sind die Frauen für die Kinderbetreuung und für die Hilfe im Haushalt angestellt. Drei Frauen berichten expli-

zit, dass sie ausschließlich für die Versorgung der Kinder angestellt sind. Eine Frau deklariert die Arbeit im Haushalt als ihren Schwerpunkt. Die Arbeitsaufgaben beinhalten also alles, was Reproduktionsarbeit ausmacht: Betreuung und Erziehung der Kinder, Putzen, Waschen und Kochen. Nur eine Interviewte erzählt, dass ihre Arbeitgeberin manchmal zu viel erwartet, nämlich dem Kind auch noch Nachhilfeunterricht zu geben.

> „[...] But if you're looking after somebody's kids, it's hard. Because they are expecting too much from you. Because I'm a teacher. And, but I applied here as a caregiver. But my employer sometimes expected me to work as a tutor, a private tutor with the kids. So she's giving me like too much job or responsibilities, which is no longer part of my job. [...]" (No. 02, Z. 83)

Von den Teilnehmerinnen der Untersuchung kann glücklicherweise nur in zwei Fällen von prekären Arbeitsbedingungen, in einem Fall auch von Ausbeutung gesprochen werden (siehe Fallbeschreibung S. 60f.).

> „ [...] Like when it comes to food and working hours. Like the time. Sometimes I have to work 12 hrs. And sometimes I just couldn't eat whatever is in the fridge. Like she always told me it's fine, you can eat whatever you like but when I try to eat a particular food then she will look for it. Obviously she doesn't want me to eat that food, right. Sometimes she will label the food 'do not eat'. [...]" (No. 02, Z. 85)

Die übrigen sieben Frauen arbeiten in weitgehend fairen, teilweise sogar sehr guten Beschäftigungsverhältnissen. Nichtsdestotrotz gibt es auch Schwierigkeiten, die aber eher mit der Arbeit an sich zusammenhängen, und nicht mit den Arbeitsbedingungen.

Es wird sichtbar, dass mehr Frauen von Schwierigkeiten mit den Kindern als mit den Arbeitgebern berichten. Die Beziehung zum Arbeitgeber, also zu den Eltern der zu versorgenden Kinder, gestaltet sich mehrheitlich positiv. Sie wird positiv beeinflusst, wenn es Wertschätzung für die geleistete Arbeit gibt, wenn Vertrauen in die Arbeit und in die Fähigkeiten der Haushaltsarbeiterin gelegt wird, und wenn die Eltern gegenüber den Kindern hinter der Nanny stehen.

> „Yeah, I feel appreciated. In writing and verbally. They always tell me, you're very important in our family. And for the child, especially. So, I feel happy. Yeah." (No. 03, Z. 160)

> „I feel okay because I'm sure, ah she will see, what I'm capable, and my ability. Especially now that she sees her children so close to me. She always found the children clean, they have, they were in happy disposition, they don't have any bruise. *(laughs)* [...]" (No. 04, Z. 122)

Es wird ebenso herausgestellt, wie wichtig offene Kommunikation in diesem Arbeitsfeld ist: Es wird von den befragten Frauen hoch geschätzt, wenn sie sich wohl fühlen und mit ihrem Arbeitgeber über die Arbeit und ihre Situation, insbesondere ihre zurückgelassenen Familien, sprechen können. Es ist ein Zeichen für ein ebenbürtiges Interesse an ihrer Person. In manchen Fällen sind die Arbeitgeber sogar recht großzügig und bezahlen einen Flug nach Hause oder erlassen die Kosten für Kost und Logis.

> „Yes, that's the advantage of me, that's too much money also, to... yeah, yes, and then the food, there are all the expenses of food on the board and lodging you know, and she's also giving me, extra money for my telephone bill..." (No. 09, Z. 200)

Wenn es doch Probleme mit dem Arbeitgeber gibt, entstehen sie meist, weil sie den *Live-in Caregivers* zu wenig Vertrauen in ihre Arbeit entgegenbringen. In einem Fall muss die betreffende Frau ihrer Arbeitgeberin abends sehr genau berichten, was sie mit den Kindern unternommen hat, was die Kinder zu essen bekommen haben, wie der kleine Kratzer auf der Backe entstanden ist, etc.

> „[...] That's the hardest part of my job is to tell them everything that I did. Even a small scratch I have to report. What happened, what did you do, what were you doing, what... ohh oh oh. Yeah that makes me sick." (No. 02, Z. 193)

Es wird auch ein Druck empfunden, der aus der Verantwortung entsteht, gut für die fremden Kinder zu sorgen und zu vermeiden, dass ihnen etwas geschieht. Ebenso problematisch ist eine fehlende interkulturelle Sensibilität. Sie kann zu Missverständnissen führen (beispielsweise durch einen missverstanden Tonfall), die das Arbeitsverhältnis belasten. In manchen Fällen besteht eine starke und teilweise innige Bindung der Kinder an das Kindermädchen. Diese ist mit der Abwesenheit der leiblichen Eltern tagsüber zu erklären und kann zu Konflikten zwischen Arbeitgeber und -nehmerin führen. Fünf, also mehr als die Hälfte der Frauen, berichten von Schwierigkeiten, mit den Kindern zurechtzukommen. Dies tritt besonders bei der Betreuung von älteren Kindern auf und äußert sich mit Ungehorsam und mangelndem Respekt für die *Care*-Arbeiterin.

> *Person 06:* „And then with my work the challenge is the children. Because, ah, you know even if, even if, ah, your, even if the parents would, would, ah consider you as part of the family, but the children would always look up to you as your nanny, as their nanny. So they would always like you're only my nanny!"

> *Interviewer:* „They would say that to you?"

Person 06: „Right, yeah, they do. But, ah, so it's your challenge, it's my challenge to let them understand that as a nanny they have to respect me. [...]"

(No. 06, Z. 68-70)

Die meisten befragten Haushaltsarbeiterinnen berichten von mehr oder weniger regelmäßigen Überstunden. Nur eine teilt mit, noch nie länger als acht Stunden gearbeitet zu haben. Die Überstunden werden mehrheitlich ausbezahlt, in zwei Fällen besteht ein Arrangement zum Freizeitausgleich.

Ein uneindeutiger Punkt ist die Frage, wie man von der Familie behandelt werden möchte. Manche wollen als Teil der Familie, des Haushalts gesehen werden, andere wollen genau dies nicht.

„Yeah. They told me. No we will treat you as one of our family. No I don't want you to treat me as one of your family. Please treat me as one of your emp..., as your worker. If you treat me as one of your worker, you know what's the rule. If you treat me as one of you family, every time: Come here, where are you? [...]" (No. 01, Z. 173)

„[...] And I'm doing great with them and I'm so happy haven chosen this kind of employer. Cause they treat me like their family member and um, actually I became the godmother of their son." (No. 03, Z. 89)

Wie schon oben genannt, leidet eine der Interviewteilnehmerinnen unter besonders prekären Arbeitsbedingungen. Die Frau (Interview eins) kam mit ihrem Arbeitgeber aus Jordanien nach Kanada. Die Situation in dieser Familie nahm ausbeuterische Ausmaße an: Sie musste täglich bis zu 14 Stunden arbeiten; es wurde ihr nicht erlaubt, Kontakt zu anderen Filipinas zu halten; sie versteckten ihre Papiere; es wurden keine Sozialabgaben für sie gemacht, was dazu führte, dass die 24 Monate Arbeit im LCP noch ein Mal abgeleistet werden müssen; und die Familie bleibt ihr bis heute ca. sieben Monatszahlungen Lohn schuldig.

„Yeah, they come here together. And they let me to stay for one year to them. Because we have a contract. Yes, they followed the contract one year but the problem they don't follow the rules and regulations. They don't pay the taxes, EI, CCP, no off day. They let me to work as like slaves, yeah. They don't allow me to talk to any Philippines, especially when we're outside." (No. 01, Z. 55)

Mithilfe des Centre for Newcomers wurde der Arbeitgeber gewechselt. Allerdings ist eine Besserung der Situation nicht zu vermuten. Beispielsweise erwartet der neue Arbeitgeber von ihr, ohne Arbeitsvertrag, also ohne Lohn bei der Familie zu arbeiten, solange auf die Arbeitsgenehmigung gewartet wird. Die Frau hat dies auch für insgesamt 11 Tage lang getan, währenddessen stellte sie diese Beobachtung an:

„The kids, yeah. The first ones look like spoiled. Because the time when I said to the
boy. Okay come your going to eat now come and wash your hand. The mom said you
cannot command to my son like this. We can tell that to him not you. So what do you
mean why did you get nanny? Yeah. I am your nanny, so, so I can teach him the good
way. But no, no I don't have a right. He wants the kids to rule in the house. You see.
Yeah but I have to keep quiet. Because I need an employer. Yeah but until when?"
(No. 01, Z. 111)

Sechs der neun Befragten haben ihren Arbeitgeber seit ihrer Ankunft in Kanada
gewechselt. Vier Frauen nur einmal, eine Frau zweimal und eine dreimal. Nur drei
Frauen arbeiten noch bei demselben Arbeitgeber wie zu Beginn ihrer Tätigkeit als
Live-in Caregiver. Die Gründe für den Wechsel sind in den meisten Situationen
durch die Rezession hervorgerufene, finanzielle Schwierigkeiten seitens des Arbeitgebers. Eine Frau hat wegen der unmenschlichen Arbeitsbedingungen gekündigt. In einem anderen Fall war der von der Agentur vermittelte Arbeitsplatz bei
der Ankunft der betreffenden Frau gar nicht existent, sodass sie sich einen neuen
suchen musste.

6.3.2 Wohnsituation

Die Wohnsituation der befragten *Live-in Caregivers* ist vorwiegend zufriedenstellend. Nur bei zwei Frauen ist keine ausreichende Privatsphäre gewährleistet, weil
das Zimmer nicht abschließbar ist, tagsüber zum Spielzimmer der Kinder wird oder
nur durch einen Raumteiler vom Hobbyraum im Keller des Hauses getrennt ist.
Andere haben sehr komfortable Räume, mit eigenem Fernseher, Computer und
Badezimmer. Die folgenden Beispiele illustrieren zwei Extreme der Ausstattung
der Wohnräume für *Live-in Caregivers*.

„They said, um…, in the contract, you have a television, you have a radio. Everything
you have. But no, nothing's there. There's no internet. There's no… Unlike others,
friend of mine, they have their own computer in the room, television, nice room you
know. But for me, no. That room is play area." (No. 01, Z. 201)

„I have my own room, it's very, what do you call this one, it's very presentable. Like
it's very comfortable. Yeah. I have my bed, I have my toilet, I have the TV in and outside the room. Everything is like very cozy one. *(laughs)*" (No. 03, Z. 125)

6.3.3 Bewertung der Arbeit

Die bezahlte Hausarbeit wird von den Teilnehmerinnen der Untersuchung eher
negativ als positiv bewertet. Viele stellen heraus, dass die Arbeit ein starker Kontrast zur ihrer gesellschaftlichen Position im Heimatland ist, und wie schwierig es
ist, sich an die neue Position zu gewöhnen und mit dem Image der Haushaltsarbei-

terin klar zu kommen. Dies wird zusätzlich erschwert, wenn ein Vergleich stattfindet mit den Freunden/-innen, die ihre Karriere zu Hause weiterführen.

> „I gave up so many things. I sometimes think is it worth it? Because all of my friends back home they're all successful with their old career." (No. 05, Z. 214)

> „I'm a teacher for eight years, a school principal for two years before I went to Hong Kong. And then in Hong Kong I'm a domestic helper, and though the work is not that ah, ( ) , but I'm still proud of doing such a job because very few Filipinos can really appreciate that kind of job. Or very few people can really see what's the difference of that small job and big job. But for me small or big I really appreciate it, because it's still a ( ). It was really a big help to me, although I had that negative feeling in the beginning, because of course of my status back in the Philippines so I have adjusted and later on I helped myself than I processed about it then I get ( ). Yeah." (No. 03, Z. 53)

Daraus kann man ablesen, dass die betreffenden Interviewpartnerinnen, wie auch die Gesellschaft, den Status der *Care*-Arbeit nicht sehr hoch setzen. Die Aussage, nicht für immer als Nanny arbeiten zu wollen, ist ein Anzeichen, dass sie eigentlich nicht zufrieden mit ihrer Arbeit sind. Dies wird von Frauen mit einer geringeren Qualifikation im Heimatland als weniger schlimm empfunden als von denen mit einer höheren Qualifikation. Eine Frau betont, dass die Arbeit an sich nicht schlecht ist, aber sie sich darin nicht auf lange Frist wohl fühlt, weil sie eigentlich höher qualifiziert ist.

> „[…] And it's hard to be like, you being a caregiver is. You don't need an education to be a caregiver, like everybody can be a caregiver right. Like, eh, turning back, like turning yourself to a different career, it's really hard. Cause I really love teaching in a classroom. And then here I am now, working in a home. Like I don't know how to say it but, it's, eh, it makes me feel like my self-confidence, or my self-esteem really low. Like now because, you know it's I have a different job from my previous job now." (No. 02, Z. 127)

Eine Interviewpartnerin erkennt den Wert der bezahlten Haushaltsarbeit und legt dar, warum sie nicht als gering qualifizierte Tätigkeit eingestuft werden sollte. Gleichzeitig stellt sie heraus, dass dies leider von vielen Frauen nicht so gesehen wird.

> „[…] In fact, if you're going to ask me, that's the most important job in Canada, or in wherever in the world. For what reason? How can these parents work? Ok, tell me. How can my employers do their job well and have this good business? If I am not there for them and for their kid. Right? So... that's my point. Live-in Caregivers are very important in the lives of, I don't know. That's what I see it." (No. 03, Z. 152)

Die niedrige Bewertung der Arbeit und die fehlende Wertschätzung dieser seitens der Arbeitgeber hat einen Einfluss auf das Selbstwertgefühl der Frauen. Ein Sinken des Selbstwerts ist zwar deutlich durch Aussagen, die auf unterwürfige Gefühle hindeuten, es ist aber auch zu erkennen, wie viele der Befragten für ihre Rechte kämpfen wollen.

Es lassen sich Vor- und Nachteile der Arbeit als *Live-in Caregiver* differenzieren. Als Vorteil gilt erstens die Aussicht auf die unbegrenzte Aufenthaltsgenehmigung, dies deckt sich mit Pull-Faktor Nr.1. Zweitens wird das *live-in* Arrangement als Vorteil gesehen, da man damit Lebenshaltungskosten sparen kann, wenngleich Kost und Logis vom Lohn abgezogen werden. Ein weiterer Pluspunkt des Zusammentreffens von Arbeit und Zuhause ist, dass man nicht zur Arbeit pendeln muss (vor allem im Winter). Weiterhin wird die Einfachheit der Arbeit herausgestellt, die keiner Vor- oder Nachbereitung bedarf – nach ihrer Verrichtung ist Feierabend.

> „Oh yeah. The advantages is, aside from you could apply for permanent residency. You're living in a home. Like you're working in a home. So you don't have to get up really early in the morning, prepare and then ride the public transport." (No. 02, Z. 113)

> „Um, Live-in Caregiver, um, you don't, um, spend so much money. Because you stay in that home, and they, they give you some. Ah yes we pay also the board and lodging. In a Live-in Caregiver, um, and after your work you can sleep, you can rest. You don't have to go out and, or if you want to, if you want to go and walk, and stroll. it's okay. […]" (No. 04, Z. 114)

> „I like the job. Yeah, I like the job, because of, the time. Yeah, we had a time, ah, you gonna start and from, this, and eight hours, like that. And, oh, *(pause)*, the work is not hard *(laughs)*, just clean and cook." (No. 07, Z. 185)

Als größter Nachteil der Arbeit als *Live-in Caregiver* wird die fehlende Möglichkeit gesehen, diese Arbeit mit der Versorgung der eigenen Familie zu vereinbaren. Damit einher gehen die Schuldgefühle, nicht für die eigenen Kinder sorgen zu können. Als weiterer Nachteil gilt das Fehlen von Privatsphäre und persönlicher Freiheit durch das Leben am Arbeitsplatz. Es ist auch kein Abstand zur Arbeit möglich, wie Interviewpartnerin drei verdeutlicht:

> „[…] The disadvantage is sometimes when you wanted to have freedom and privacy like there's a tendency that of course you cannot really say, like if the kid would like to go to you because the kid becomes closer to you. You cannot say stop, or stay away from me." (No. 03, Z. 143)

Diese schwammige Grenze zwischen Arbeits- und Freizeit spiegelt sich auch in den Arbeitszeiten wieder. Oft werden Überstunden gemacht, weil beispielsweise die Arbeitgeber später nach Hause kommen als vereinbart.

> „[…] we are usually seven to four. It's nine hours. But usually, they always come five o'clock. But you cannot leave the children alone. So you have to wait for them. And then you have, they will say, they, we will have dinner and you cannot say that, oh I

don't want to eat. I just go and rest. And you are very tired. [...] So, the disadvantage is, you cannot say, I'm tired, I want to go to sleep, and then you have to stay in the dinner, you have to eat with them and then, you cannot just leave the table like that. You have to clean. And so, usually I stay until 6.30 [...]." (No. 04, Z. 116)

Als Schwierigkeit werden auch die Diskrepanzen zwischen den Erziehungsstilen der Eltern und der eigenen Vorstellung davon gesehen. Viele beschreiben die Kinder, die sie betreuen, als verwöhnt und führen dies auf die Erziehung der Eltern zurück, die sie als nicht streng genug empfinden. Daraus entsteht eine Zwickmühle: einerseits würden sie gerne eingreifen, andererseits wird dies als anmaßend empfunden. Eine weitere Schwierigkeit kann die Art der Beziehung zwischen *Live-in Caregiver* und Kindern darstellen, da sie ggf. durch ihre Betreuung und Fürsorge eine große Bindung aufbauen, die auch das Beziehungsverhalten der Kinder zu den Eltern verändert.

> „And he's really good with me, like with me, we know our routine, like in the morning he eats breakfast you know, after lunch, he'll go. He will go take a nap. And then eat a snack and then eat the supper, But when the mom comes, he's changed, (takes a breath, sighs), He's like, like a monster, (laughs) I don't know why!" (No. 05, Z. 117)

6.3.4 Unterstützungsbedarf

Die Frage nach Bereichen, in denen Unterstützung notwendig ist, zielt auf die psychosoziale Situation der Frauen ab. Es geht darum, herauszufinden, in welchen Situationen die Frauen Unterstützung benötigen, und wer diese übernehmen kann. In den Interviews zeigt sich, dass Einrichtungen wie das Centre for Newcomers sehr wichtig für die *Live-in Caregivers* sind, da dort Informationen zu Arbeitnehmerschutz und Aufenthaltsrecht niedrigschwellig erreichbar sind. Zusätzlich bieten solche Institutionen konkrete Hilfestellung bei Problemen mit dem Arbeitgeber. So ist beispielsweise der frühere Arbeitgeber einer der Interviewpartnerinnen (No. 01, vgl. obige Beschreibung) seiner *Care*-Arbeiterin mehrere Monate Lohn schuldig und weigert sich, diese nachträglich zu zahlen; außerdem wurden keine Sozialabgaben geleistet. Mit der Unterstützung des Centre for Newcomers hat die Frau bei Alberta Employment (Arbeitsschutzbehörde der kanadischen Provinz Alberta) ihr Recht eingeklagt. Auf das Ergebnis wurde zum Zeitpunkt der Interviews noch gewartet. Ebenso wichtig sind daher staatliche Institutionen wie Alberta Employment, die in konkreten Situationen Unterstützung bieten können.

Ein anderer Bedarf ist im Bereich der emotionalen Unterstützung angesiedelt. Hier wird an erster Stelle der Partner genannt. Er ist via Internettelefonie fast täglich erreichbar und so zentraler Bestandteil des Alltags vieler *Live-in Caregivers*.

Ebenso wichtig ist die Unterstützung anderer Familienmitglieder, die im Idealfall auch in Kanada sind oder sogar in der gleichen Stadt wohnen. Es wird deutlich, dass es hier um eine Art Rückgrat geht, das den Frauen Rückhalt und Sicherheit in ihrer Situation gibt.

> „Um, I'm getting a lot of support from my husband. Cause we always talk every day in the morning through internet. And that's a really, a big, like help for me. When your husband is so supportive. And my siblings too are also very supportive. Yeah." (No. 02, Z. 123)

> „[...] But my big support here is my brother, my sister-in-law." (No. 04, Z. 144)

> „Oh, it's very, very, very important to me right now. Like when you rate that. I get my support from my husband number one, number two from my family, relatives, and number three yeah from the nannies. From the friends. Yeah. It's really important, like you, you forgot, eh, the situation you're now in. When you're with the friends. Yeah." (No. 02, Z. 197)

Direkte Unterstützung im Alltag, vor allem am Wochenende, wird von den Freunden/-innen, zumeist auch *Live-in Caregivers*, eingefordert. Sie helfen dabei, die Einsamkeit auszuhalten, lenken durch Unternehmungen von der Lebenssituation ab, geben ein Gefühl der Zugehörigkeit in einer sonst noch fremden Umgebung, helfen mit philippinischem Essen und der Möglichkeit, Tagalog zu sprechen, beim Lindern von Heimweh und stehen mit Rat zur Seite. Betont wird auch die Wichtigkeit, von der eigenen Situation erzählen zu können.

> „Yes, yes, yeah, cause, ah, if, you're, if you don't have any relatives here, yes, you have to make friends. Yeah, to talk with, or just for a conversation, to bring out, ah, what you feel and also if you miss your family back home. You have your friends to talk to. And also some situations at work, that you have to share, yeah, and it's like problems like that about the kids and they're so very noisy or what... [...]" (No. 09, Z. 208)

> „And we can help each other by just comforting each other if the, they're facing like severe problems like, ah, like the, ah, the salary, like ah, if, if their, the employers are, ah, mistreating them. So we can give advices. And, ah, introduce them to associations or people who can help them and ah, and I would rate it ten! Yeah, that, ah, that I'm having a group now, the Live-in Caregivers. Especially my friends here, because, ah, it's, it's ah, our like, it's our time to relax from our work. When we are with each other. When we are with the group." (No. 06, Z. 360)

Für manche ist auch der Glauben und ihre Religiosität eine wertvolle Ressource zur Kraftschöpfung für ihr psychosoziales Wohlbefinden. Person vier fasst dies folgendermaßen zusammen:

> „Spiritually. Because, ah, when you attend the church you became more strong. Because you all, I always think that. When you trust god, everything will be in places.

Everything will be alright. And, ah you always keep his promises that me and my family we will always be together in the future. So, and, that is the, the best, I can um; with our church; gives us hope." (No. 04, Z. 158)

Fünf von neun Teilnehmerinnen sind Mitglieder in einer ethno-kulturellen Vereinigung. Nur zwei von ihnen machen jedoch eine Aussage über den Wert der dort erfahrenen Gemeinschaft. Dies könnte daran liegen, dass die Frauen noch nicht so lange in Kanada sind und der primäre Unterstützungsbedarf auf individueller Ebene im Alltag von Freunden und Familie gedeckt wird.

Bemerkenswert ist, dass zwei Frauen, deren Situation vergleichsweise erträglich ist, d. h. die Arbeitsbedingungen sind sehr gut, den Wunsch äußern, auf einer Meta-Ebene etwas für andere *Live-in Caregivers* zu tun, bzw. thematisieren, wie wichtig dies ist. Die eine Frau spricht davon, eine „Live-in Caregiver Association" gründen zu wollen. Diese soll erstens eine Stimme für die Rechte und den Schutz der *Live-in Caregivers* in Kanada sein, zweitens Vernetzung mit anderen Einrichtungen und Vereinigungen anstreben, um im konkreten Fall Hilfe anbieten zu können und drittens den Frauen zu mehr Selbstbewusstsein und eigenem Aufwerten der Arbeit helfen.

„But anyway, for me, for me, nannies are really very important, why don't give them the chance to also live with a quality life in Canada. [...] And also another one is that's for the salary, another one is the condition, the condition of Live-in Caregivers because there are some Live-in Caregivers that I've heard that because you see the main issue is we have to finish the 24 months. And because we want to finish it soon and fast so that we can have our job that we like. So we have to be like kind all the time although we are already abused. I'm not talking of myself. I'm talking about those I've heard. so, and number three is, I also wanted to, to use the Live-in Caregiver association as um connection to other agencies that will, that would come in to us for help. Right, for help, not only as, not only for our work. But for us persons as well. Like for example if you have an association it would be easy to come up with request, because there are many attendees. [...]" (No. 03, Z. 180)

Die andere Frau fordert mehr Angebote und mehr öffentliche Präsenz dieser Angebote, um möglichst viele *Live-in Caregivers* erreichen und in ihrer Situation unterstützen zu können.

6.3.5   Bildung und beruflicher Hintergrund

Die Mehrheit der Befragten (sechs von neun) sind schon in den Philippinen einer Erwerbsarbeit nachgegangen. Zwei davon als Lehrerin, zwei in der Verwaltung großer Firmen, eine in der Gastronomie und eine als Haushaltshilfe. Drei der Frauen haben nie in den Philippinen gearbeitet, sondern sind sofort für die Arbeit migriert. In den Interviews wurde nicht abgefragt, wer einen Hochschulabschluss hat. Aus den Antworten lässt sich jedoch ablesen, dass drei Frauen eine Hochschulbildung haben und vier keine. Bei zwei Frauen ergeben sich aus den Interviews keine Anhaltspunkte.

Bei der Frage nach den beruflichen Plänen, wenn die offene Arbeitsgenehmigung vorliegt und sie nicht mehr an die Haushaltsarbeit in Kanada gebunden sind, ergibt sich ein recht hetergones Bild. Eindeutig ist jedoch, dass keine der Frauen weiter im LCP bleiben oder als *live-in* Haushaltsangestellte arbeiten möchte. Fast alle wollen im sozial-pflegerischen Bereich bleiben. Einige streben weiterhin die Arbeit mit Kindern an, andere wollen eher im Bereich der Altenpflege arbeiten. Ungefähr die Hälfte der Befragten äußern den Wunsch, noch einmal zur Universität bzw. zu einem Berufstraining zu gehen, etwa um Soziale Arbeit zu studieren oder als Altenpflegerin ausgebildet zu werden. Allerdings wird auch klar, dass dies evtl. durch den Familiennachzug und die finanziellen Schwierigkeiten erschwert werden könnte. Eine Frau plant, sofern ihr Mann einen guten Job bekommt, erst einmal ein Kind zu bekommen und Hausfrau zu werden.

7. Fazit

Es wurde deutlich, dass Migration ein Phänomen ist, das Kulturen, Kontinente, Nationalstaaten und geschichtliche Epochen durchdringt und bis heute ein zentrales Thema in unserer modernen Gesellschaft ist. Migration kommt in verschiedenen Formen und Ausdrucksweisen vor und hat ebenso viele verschiedene Gründe. Die Globalisierung unserer Welt lässt Migrationsbewegungen expandieren und diversifiziert ihre Erscheinungsformen. Beispielsweise spielt die Globalisierung bei der Entstehung von transnationaler Migration eine entscheidende Rolle. Merkmal von dieser Art der Wanderung ist das Leben zwischen mehreren geographischen Räumen und die in erhöhtem Maße aufrechterhaltene Bindung der Wandernden zu ihren Heimatländern. Transmigranten/-innen agieren in transnationalen sozialen Räumen, die sich u. a. durch soziale Netzwerke wie Familie oder Kirchengemeinde äußern.

Überdies wurde ersichtlich, dass diese Form von Migration sehr häufig bei migrantischen Haushaltshilfen auftritt, die aus Gebieten des globalen Südens oder Ostens in den globalen Norden wandern, um dort in Privathaushalten als „neue Dienstmädchen" zu arbeiten. Das Entstehen dieses Arbeitsfeldes ist in erster Linie mit der ansteigenden Erwerbsbeteiligung von Frauen bzw. dem Fehlen der geschlechtlichen Umverteilung der Reproduktionsarbeit und der daraus resultierenden Versorgungslücke zu begründen. Die zumeist weiblichen Transmigranten/-innen in diesem Arbeitsfeld sind zweierlei Problemlagen ausgesetzt. Einerseits müssen sie aus der transnationalen Migration entstehende psychosoziale Herausforderungen bewältigen, die durch das Vorhandensein einer eigenen Familie verschärft werden. Andererseits sind sie in vielen Fällen prekären, wenn nicht sogar ausbeuterischen Arbeitsbedingungen ausgesetzt.

Die Ergebnisse der vorliegenden Untersuchung lassen sich folgendermaßen zusammenfassen. Die Hauptmotivation für die Migration ist stets die finanzielle Schieflage auf den Philippinen und der Wunsch, den Kindern eine bessere Zukunft ermöglichen zu können. Die wichtigsten Pull-Faktoren sind das LCP mit der Besonderheit einer potentiellen unbegrenzten Aufenthaltsgenehmigung und des damit möglichen Familiennachzugs, sowie bereits nach Kanada migrierte Verwandte oder Freunde. Vorerfahrungen im Bereich Migration beeinflussen das Einleben in Kanada insofern, als weniger häufig von Heimweh nach den Philippinen berichtet wird. Ebenso lassen negative Auslandserfahrungen die Gegebenheiten in Kanada positiver erscheinen. Ob und wie lange schon im Ausland gearbeitet wurde, beeinflusst selbstverständlich auch die Dauer der Trennung von der Familie und dadurch das psychosoziale Wohlbefinden der Frau.

Das Familienleben wird wegen der Bedingungen des LCP durchweg transnational gestaltet. Als größte Herausforderung wird das Bewältigen der Trennung von der Familie benannt. Dies äußert sich in Gefühlen der Einsamkeit und der Schuld, diese Situation hervorgerufen zu haben. Das psychosoziale Wohlbefinden der befragten *Live-in Caregivers* wird durch das transnationale Familienleben demnach negativ beeinflusst. Familiäre Unterstützungsstrukturen sind groß: Alle Frauen berichten, mit dem verdienten Geld Familienmitgliedern auf den Philippinen finanziell unter die Arme zu greifen.

Die Teilnehmerinnen der Untersuchung arbeiten vorwiegend unter guten Arbeitsbedingungen. Dies zeigt sich beispielsweise durch positive Beziehungen zum Arbeitgeber, die durch eine offene Kommunikationsstruktur geprägt sind oder durch abgrenzbare Arbeitsaufgaben und geregelte Arbeitszeiten bzw. angemessene Kompensation, wenn es nicht der Fall ist. Schlechtere Arbeitsbedingungen kommen in zwei Fällen zum Ausdruck, charakteristisch ist jeweils das geringe Vertrauen in die Arbeit der Frau bzw. die Geringschätzung der Arbeit an sich. Die Bewertung der Haushaltsarbeit fällt unter den Befragten eher negativ aus, was am gesellschaftlich schlechten Image, an der beruflichen Stellung im Heimatland oder der Bezahlung liegen mag. Diese Geringschätzung hat einen negativen Einfluss auf das Selbstwertgefühl der Interviewten. Die Frauen benötigen zum einen Unterstützung bei konkreten Problemen mit dem Arbeitgeber, diese kann von Einrichtungen wie dem Centre for Newcomers übernommen werden. Zum anderen wird Unterstützung bei der Bewältigung der psychosozialen Belastung der Situation benötigt. Hier helfen in erster Linie der Partner, andere Familienmitglieder oder Freunde. Der Unterstützungsbedarf ist deshalb hoch, weil die emotionalen und psychosozialen Belastungen durch die Voraussetzungen des LCP, die zum transnationalen Leben zwingen, sehr hoch sind.

Zusammenfassend kann man demnach sagen, dass die soziale Situation der Interviewteilnehmerinnen, zumindest bezüglich der Arbeitsbedingungen, nicht so negativ ist, wie es die sich mit der Thematik befassende Literatur vermuten lässt. Die Schwierigkeiten, die gleichwohl existieren, hängen mit dem Design des LCP zusammen, das zum transnationalen Familienleben zwingt, und mit den Strukturen der bezahlten *Care*-Arbeit. Folglich muss sich dennoch etwas an der gegenwärtigen Situation ändern. Es sind zweierlei Möglichkeiten denkbar. Zum einen könnte man

fordern, die Bedingungen, die die Existenz der bezahlten Haushaltsarbeit hervorru-
fen, zu verändern. Das hieße, die Politik der Länder des globalen Nordens müsste
(bezahlbare) Betreuungsstrukturen schaffen, die ein Familienleben nach den heutigen gesellschaftlichen Vorstellungen und Rahmenbedingungen ermöglichen. Dies
betrifft die Betreuung von Kindern ebenso wie die Pflege von Alten. Dagegen
spricht jedoch, dass die Arbeitsmigration für die Migrantin und ihre Familie oftmals eine ökonomische und gesellschaftliche Aufwärtsmobilität bedeutet, die man
durchaus positiv bewerten kann. Im Spezialfall Kanada kommt noch die Aussicht
auf die Einwanderung hinzu. Deshalb müssten sich zum anderen die Bewertung
und die Struktur der bezahlten Haushaltsarbeit ändern. Hierfür müsste in allen
Ländern und auf allen Ebenen – zivilgesellschaftlich wie politisch – daran gearbeitet werden, ein Problembewusstsein zu schaffen, um diese Thematik auf die
gesellschaftliche Tagesordnung zu setzen. Ein Anfang ist sicherlich die Konvention
des ILO „Decent Work for Domestic Workers" (ILO 2011a), die das Thema durch
den Prozess der Konventionsentwicklung präsenter gemacht hat. Natürlich kann
von einer solchen Konvention nicht zu viel erwartet werden, da eine Veränderung
der Situation nicht sofort eintreten kann. Aber schon allein die Auseinandersetzung
mit der Thematik im Programm des ILO ist ein erster Schritt, denn es verdeutlicht,
dass Haushaltsarbeit ein Beruf ist. Nur wenn bezahlte *domestic work* als qualifizierte Arbeit anerkannt und sichtbar wird, beispielsweise durch die Integration in
die Arbeitsschutzgesetze eines Landes und die damit verbundene Legalisierung des
Arbeitsfeldes, kann an den Bedingungen etwas geändert werden. Sicherlich ist es
problematisch, wenn nicht gar unmöglich, dies allgemeingültig für alle Länder zu
postulieren, da die sich unterscheidenden staatlichen und gesellschaftlichen Strukturen eine Komplexität erzeugen, die es erschwert, allgemeingültige Regelungen zu
formieren. Allerdings ist der Situation auch nicht geholfen, sich nur mit dieser
Komplexität abzufinden. Vielmehr muss man aktiv werden und sich daran beteili-
gen, die (bezahlte) Haushaltsarbeit gesellschaftlich aufzuwerten, damit sich ihre
Bedingungen verbessern.

Literaturverzeichnis

Anderson, Bridget (2000): Doing the Dirty Work? The Global Politics of Domestic Labour. London/New York

Apitzsch, Ursula / Schmidbauer, Marianne (Hrsg.) (2010): Care und Migration. Die Ent-Sorgung menschlicher Reproduktionsarbeit entlang von Geschlechter- und Armutsgrenzen. Opladen/Farmington Hills

Apitzsch, Ursula / Schmidbauer, Marianne (2011): Care, Migration und Geschlechtergerechtigkeit. In: Aus Politik und Zeitgeschichte. 61. Jg., 37-38/2011, S. 43-49

Audebert, Cédric / Doraï, Mohamed Kamel (Hrsg.) (2010): Migration in a Globalised World. New Research Issues and Prospects. Amsterdam

Basch, Linda / Glick Schiller, Nina / Szanton Blanc, Cristina (1994): Nations unbound. Transnational projects, postcolonial predicaments, and deterritorialized nation-states. New York (5. Druck 2000)

Baur, Nina / Korte, Herrmann / Löw, Martina / Schroer, Markus (Hrsg.) (2008): Handbuch Soziologie. Wiesbaden

Beck, Ulrich / Beck-Gernsheim, Elisabeth (2011): Fernliebe – Lebensformen im globalen Zeitalter. Berlin

Brückner, Margit (2010): Entwicklungen der Care-Debatte – Wurzeln und Begrifflichkeiten. In: Apitzsch/Schmidbauer, S. 43-58

Butterwege, Christoph / Hentges, Gudrun (Hrsg.) (2009): Zuwanderung im Zeichen der Globalisierung. Migrations-, Integrations-, und Minderheitenpolitik. Wiesbaden (4., aktual. Aufl.)

Cheever, Susan (2003): The Nanny Dilemma. In: Ehrenreich/Hochschild, S. 31-38

Chin, Christine B.N. (2003): Organisierte Randständigkeit als staatliches Modell: Frauen und Migration in Südostasien. In: Thränhardt/Hunger, S. 313-333

Citizenship and Immigration Canada (CIC): Working Temporarily in Canada: The Live-in Caregiver Program. Abrufbar unter: http://www.cic.gc.ca/english-/work/caregiver/index.asp (Stand: 31.10.2011)

Constable, Nicole (1997): Maid to Order in Hong Kong. Stories of Filipina Workers. Ithaka

Derrick, Thomas (2010): Foreign nationals working in Canada. Abrufbar unter: http://www.statcan.gc.ca/pub/11-008-x/2010002/article/11166-eng.htm (Stand: 03.11.2011)

Ehrenreich, Barbara / Hochschild, Arlie Russel (Hrsg.) (2003): Global Woman. Nannies, Maids and Sex Workers in the New Economy. London

Eisenstadt, Shmuel N. (1954): The absorption of immigrants. A comparative study based mainly on the jewish community in Palestine and the state of Israel. London

Faist, Thomas (1999): Developing Transnational Social Spaces: The Turkish-German Example. In: Pries, S. 36-72

Faist, Thomas (Hrsg.) (2000): Transstaatliche Räume. Politik, Wirtschaft und Kultur in und zwischen Deutschland und der Türkei. Bielefeld

Faist, Thomas (2004): Grenzen überschreiten – zum Konzept Transnationaler Sozialer Räume. In: Migration und Soziale Arbeit, 26. Jg., Heft 2, 2004, S. 83-97

Faist, Thomas (2010): Transnationalisation: its conceptual and empirical relevance. In: Audebert/Doraï, S. 79-105

Faist, Thomas (2011): Transnationalization in International Migration: Implications for the Study of Citizenship and Culture. In: Geddes, S. 359-391

Fanning, Bryan / Munck, Ronaldo (Hrsg.) (2011): Globalization, Migration and Social Transformation. Ireland in Europe and the World. Farnham/Burlington

Flechtner, Svenja (2010): Wie Transmigrant/innen ihr Herkunftsland beeinflussen. Das Beispiel der Filipinos und Filipinas in den USA. In: Reese/Welkmann, S. 105-113

Gather, Claudia / Geissler, Birgit / Rerrich, Maria S. (Hrsg.) (2011): Weltmarkt Privathaushalt. Bezahlte Haushaltsarbeit im globalen Wandel. Münster (3.Aufl.)

Geddes, Andrew (Hrsg.) (2011): International Migration. Vol. III. Washington/Los Angeles/London

Han, Petrus (2003): Frauen und Migration. Strukturelle Bedingungen, Fakten und soziale Folgen der Frauenmigration. Stuttgart

Han, Petrus (2010): Soziologie der Migration. Erklärungsmodelle. Fakten. Politische Konsequenzen. Perspektiven. Stuttgart (3. überarb. und aktual. Aufl.)

Helfferich, Cornelia (2009): Die Qualität qualitativer Daten. Manual für die Durchführung qualitativer Interviews. Wiesbaden (3., überarb. Aufl.)

Hess, Sabine (2005): Globalisierte Hausarbeit. Au-Pair als Migrationsstrategie von Frauen aus Osteuropa. Wiesbaden (2. Aufl.)

Hochschild, Arlie Russell (2001): Global Care Chains and Emotional Surplus Value. In: Hutton/Giddens, S. 130-146

Hochschild, Arlie Russell (2003): The Commercialization of Intimate Life. Notes from Home and Work. Berkley/Los Angeles/London

Hochschild, Arlie Rusell (2010): The Back Stage of a Global Free Market. Nannies and Surrogates. In: Apitzsch/Schmidbauer, S.23-39

Hoffmann-Nowotny, Hans-Joachim (1970): Migration. Ein Beitrag zu einer soziologischen Erklärung. Stuttgart

Hondagneu-Sotelo, Pierette (2001): Doméstica. Immigrant Workers Cleaning and Caring in the Shadows of Affluence. Los Angeles

Human Rights Watch (HRW) (2006): Swept Under the Rug. Abuses against Domestic Workers around the World. New York. Abrufbar unter: http://www.hrw.org/reports/2006/07/27/swept-under-rug (Stand: 20.02.2013)

Husa, Karl / Parnreiter, Christof / Stacher, Irene (Hrsg.) (2000): Internationale Migration. Die globale Herausforderung des 21. Jahrhunderts? Frankfurt a. M.

Hutton, Will / Giddens, Anthony (Hrsg.) (2001): On the Edge. Living with Global Capitalism. London

International Labour Office (ILO) (2011a): Decent Work for Domestic Workers. International Labour Conference. 100th Session 2011. Provisional Record 15A. Genf. Abrufbar unter: http://www.ilo.org/wcmsp5/groups/public/---ed_norm/---relconf/documents/meetingdocument/wcms_157836.pdf (Stand: 03.11.2011)

International Labour Office (ILO) (2011b): Global and regional estimates on domestic work. Domestic work Policy brief 4. Genf. Abrufbar unter: http://www.ilo.org/wcmsp5/groups/public/---ed_protect/---protrav/---travail/documents/publication/wcms_155951.pdf (Stand: 03.11.2011)

International Labour Office (ILO) (2013): Domestic workers across the world. Global and regional statistics and the extent of legal protection. Genf

Immigration and Refugee Protection Regulations des Staates Kanada. Verfügbar unter: http://laws-lois.justice.gc.ca/eng/SOR-2002-227/index.html (Stand: 20.02.2011)

International Organization for Migration (IOM) (2010): World Migration Report 2010. The Future of Migration: Building Capacities for Change. Genf Abrufbar unter: http://publications.iom.int/bookstore/free/WMR_2010_ENGLISH. pdf (Stand: 28.10.2011)

Jackson, John Archer (1986): Migration. New York

Liebelt, Claudia (2010): Der Traum von grüneren Weideflächen, globale Hierarchien des Verlangens und Überwindungen. Philippinische Frauen im Aufbruch. In: Reese/Welkmann, S. 42-49

Lutz, Helma (2007): Vom Weltmarkt in den Privathaushalt. Die neuen Dienstmädchen im Zeitalter der Globalisierung. Opladen/Farmington Hills

Lutz, Helma (Hrsg.) (2008): Migration and Domestic Work. A European Perspective on a Global Theme. Aldershot/Burlington

Lutz, Helma (2008): Introduction: Migrant Domestic Workers in Europe. In: Lutz, S. 1-12

Lutz, Helma (2011): Transnationalität im Haushalt. In: Gather/Geissler/Rerrich, S. 86-102

Lutz, Helma / Palenga-Möllenbeck, Ewa (2011): Das Care-Chain-Konzept auf dem Prüfstand. Eine Fallstudie der transnationalen Care-Arrangements polnischer und ukrainischer Migrantinnen. In: Gender. Zeitschrift für Geschlecht, Kultur und Gesellschaft. Heft 1/2011, S. 9-27

Macklin, Audrey (1992): Foreign Domestic Worker. Surrogate Housewife or Mail Order Servant? In: McGill Law Journal Vol. 37, S. 681 – 760. Abrufbar unter: http://ssrn.com/abstract=1629954 (Stand: 15.08.2010)

Mayring, Philipp (2002): Einführung in die Qualitative Sozialforschung. Weinheim/Basel (5., überarb. und neu ausgest. Aufl.)

Mayring, Philipp (2010): Qualitative Inhaltsanalyse. Grundlagen und Techniken. Weinheim/Basel (11., aktual. und überarb. Aufl.)

McKay, Deirdre (2002): Filipina Identities: Geographies of Social Integration / Exclusion in the Canadian Metropolis. In: Metropolis British Columbia. Centre of Excellence for Research on Immigration and Diversity. Working Paper Series No. 02 – 18. Verfügbar unter: http://mbc.metropolis.net/assets-/uploads/files/wp/2002/WP02-18.pdf (Stand: 15.08.2010)

McKeown, Adam (2004): Global Migration, 1846-1940. In: Journal of World History, Volume 15, Number 2, S. 155-189

Metz-Göckel, Sigrid / Münst, A. Senganata / Kałwa, Dobrochna (2010): Migration als Ressource. Zur Pendelmigration polnischer Frauen in Privathaushalte der Bundesrepublik. Opladen/Farmington Hills

Michel, Boris (2010): Vom Vertragsarbeiter zum „Global Pinoy". Über das Verhältnis von Migration, Nation und Staat in den Philippinen. In: Reese/ Welkmann, S. 274-281

Momsen, Janet Henshall (Hrsg.) (1999): Gender, migration and domestic service. London/New York

Nititham, Diane Sabenacio (2011): Filipinos Articulations of Community. In: Fanning/Munck, S. 51-63

Nuscheler, Franz (2009): Globalisierung und ihre Folgen: Gerät die Welt in Bewegung? In: Butterwege/Hentges, S. 23-35

Organisation for Economic Co-Operation and Development (OECD) (2012): International Migration Outlook. SOPEMI 2012. Paris

Oswald, Ingrid (2007): Migrationssoziologie. Konstanz

Otto, Hans-Uwe / Schrödter, Mark (Hrsg.) (2006): Soziale Arbeit in der Migrationsgesellschaft. Multikulturalismus – Neo-Assimilation – Transnationalität. In: Neue Praxis. Zeitschrift für Sozialarbeit, Sozialpädagogik und Sozialpolitik. Sonderheft 8.

Park, Robert E. / Burgess, Ernest W. (1936): Introduction to the Science of Sociology. Chicago (9. Aufl.)

Parnreiter, Christof (2000): Theorien und Forschungsansätze zu Migration. In: Husa/Parnreiter/Stacher, S. 25- 52

Parreñas, Rhacel Salazar (2001a): Mothering from a distance. Emotions, Gender and Intergenerational Relations in Filipino Transnational Families. In: Feminist Studies 27, 2, S. 361-389. Abrufbar unter: http://www.jstor.org/stable-/3178765 (Stand: 10.02.2011)

Parreñas, Rhacel Salazar (2001b): Servants of Globalization. Women, Migration and Domestic Work. Stanford

Parreñas, Rhacel Salazar (2003): The Care Crisis in the Philippines: Children and Transnational Families in the New Global Economy. In: Ehren-reich/Hochschild, S. 39-54

Parreñas, Rhacel Salazar (2005): Children of Global Migration. Transnational Families and Gendered Woes. Stanford

Parreñas, Rhacel Salazar (2008): Perpetually Foreign: Filipina Migrant Domestic Workers in Rome. In: Lutz, S. 99-112

Philippine Overseas Employment Administration (POEA) (2011): 2007-2011 Overseas employment statistics. Abrufbar unter: http://www.poea.gov.ph/ stats/2011Stats.pdf (Stand: 21.02.2013)

Pratt, Geraldine (1999): Is this Canada? Domestic workers' experiences in Van-couver, BC. In: Momsen, S. 23-42

Pratt, Geraldine (2003): From Migrant to Immigrant: Domestic Workers Settle in Vancouver, Canada. In: Metropolis British Columbia. Centre of Excellence for Research on Immigration and Diversity. Working Paper Series No. 03-18. Abrufbar unter: http://mbc.metropolis.net/assets/uploads/files/wp/2003-/WP03-18.pdf (Stand: 15.08.2010)

Pratt, Geraldine (2008): Deskilling across the generation. Reunification among Transnational Filipino Families in Vancouver. In: Metropolis British Colum-bia. Centre of Excellence for Research on Immigration and Diversity. Work-ing Paper Series No. 08 – 06. Abrufbar unter: http://mbc.metropolis.net/assets/ uploads/files/wp/2008/WP08-06.pdf (Stand: 15.08.2010)

Pries, Ludger (Hrsg.) (1999): Migration and Transnational Social Spaces. Alder-shot/Brookfield

Pries, Ludger (1999): New Migration in Transnational Spaces. In: Pries, S. 1-35

Pries, Ludger (2006): Verschiedene Formen der Migration – verschiedene Wege der Integration. In: Otto/Schrödter, S. 19-28

Pries, Ludger (2008): Die Transnationalisierung der sozialen Welt. Frankfurt a. M.

Pries, Ludger (2010): Transnationalisierung. Theorie und Empirie grenzüberschreitender Vergesellschaftung. Wiesbaden

Ravenstein, Ernest George (1885): The Laws of Migration. In: Journal of the Royal Statistical Society, XLVIII, S. 167-227

Ravenstein, Ernest George (1889): The Laws of Migration. In: Journal of the Royal Statistical Society, LII, S. 167-301

Reese, Niklas / Welkmann, Judith (Hrsg.) (2010): Das Echo der Migration. Wie Auslandsmigration die Gesellschaften im globalen Süden verändert. Bad Honnef

Reese, Niklas / Wiese, Johanna (2010): Lernen für die Ferne. Das philippinische Bildungs- und Gesundheitssystem bildet für die Migration aus. In: Reese/Welkmann, S. 164-173

Rerrich, Maria S. (2006): Die ganze Welt zu Hause. Cosmobile Putzfrauen in privaten Haushalten. Hamburg

Rerrich, Maria S. (2010): Care und Gerechtigkeit. Perspektiven der Gestaltbarkeit eines unsichtbaren Arbeitsbereichs. In: Apitzsch/Schmidbauer, S.77-93

Rerrich, Maria S. (2011): Von der Utopie der partnerschaftlichen Gleichverteilung zur Realität der Globalisierung von Hausarbeit. In: Gather/Geissler/Rerrich, S. 16-29

Romero, Mary (1992): Maid in the U.S.A. New York/London

Ronzani, Silvio (1980): Arbeitskräftewanderung und gesellschaftliche Entwicklung. Erfahrungen in Italien, in der Schweiz und in der Bundesrepublik Deutschland. Königstein/Ts.

Schaffer, Hanne (2002): Empirische Sozialforschung für die Soziale Arbeit. Eine Einführung. Freiburg i. Brsg.

Schmidtke, Oliver (2003): Das kanadische Einwanderungsmodell: Wohlverstandenes Eigeninteresse und multikulturelles Ethos. In: Thränhardt/Hunger, S. 205-226

Stark, Oded (1991): The Migration of Labor. Cambridge

Statistics Canada (2007): 2006 Census of Population. Abrufbar unter: http://www12.statcan.gc.ca/census-recensement/index-eng.cfm (Stand: 31.10.2011)

Thränhardt, Dietrich / Hunger, Uwe (Hrsg.) (2003): Migration im Spannungsfeld von Globalisierung und Nationalstaat. Wiesbaden

Treibel, Annette (2008): Migration. In: Baur/Korte/Löw/Schroer, S. 295 – 317

Treibel, Annette (2009): Migration als Form der Emanzipation? Motive und Muster der Wanderung von Frauen. In: Butterwege/Hentges, S. 103-120

Treibel, Annette (2011): Migration in modernen Gesellschaften. Soziale Folgen von Einwanderung, Gastarbeit und Flucht. Weinheim/München (5. Aufl.)

Thomas, William I. / Znaniecki, Florian (1958): The Polish Peasant in Europe and America Vol. I und II. New York (Nachdruck der 2. Aufl.)

Villachica, Jeannette (2011): Gemeinsamkeit via Skype. BZ-Interview. In: Badische Zeitung vom 31.10.2011

Weltbank (2011a): Atlas of Global Development. A visual guide to the world's greatest challenges. Glasgow (3. Aufl.) Abrufbar unter: http://www-wds.worldbank.org/external/default/WDSContentServer/WDSP/IB/2011/04/08/000333037_20110408003409/Rendered/PDF/600580PUB0REPL10Box3 58308B01PUBLIC1.pdf (Stand: 28.10.2011)

Weltbank (2011b): Migration and Remittances Factbook 2011. Washington (2. Aufl.) Abrufbar unter: http://siteresources.worldbank.org/INTLAC/Resources /Factbook2011-Ebook.pdf (Stand: 28.10.2011)

Weninger, Philip (2010): Die Auswirkungen von remittances auf die sozioökonomische Umwelt und Entwicklung in den Philippinen. Eine Fallstudie in den Visayas. In: Reese/Welkmann, S. 149-157

Zontini, Elisabetta (2010): Transnational Families, Migration and Gender. Moroccan and Filipino Women in Bologna and Barcelona. New York/Oxford

Anhang

Anhang 1: Migrationskorridore

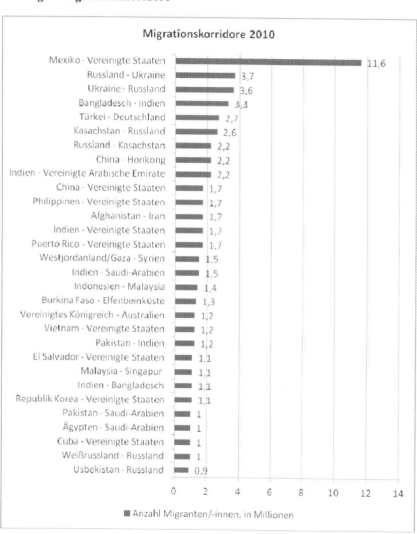

Abbildung 7: Migrationskorridore 2010
Quelle: Weltbank 2011b, S. 5; eigene Darstellung

Anhang 2: Gesprächsleitfaden

1. Personal data (on demographic details form)

1.1	Gender	Female □		Male □
1.2	Age			
1.3	Marital status			
1.4	Country of origin			
1.5	Arrival in Canada			
1.6	I work with	Children □	Elderly □	Disabled □
1.7	Employer changed	No □	Yes □	____ times

2. Motivation for migration

2.1 Why did you leave your country of origin? What were the main factors that led you to make that decision?

2.2 Why did you choose Canada? Is there anything that attracted you in particular?

3. Transnational migration

3.1 Family

3.1.1 Are you married?

3.1.2 Do you have children?

3.1.3 How old are they?

3.1.4 Who do they stay with?

3.1.5 What are the major challenges that you face as a result of working here away from the family?

3.2 Educational background

3.2.1 Did you work in your country of origin?

3.2.2 If yes – what was your occupation?

3.3 Migration process

3.3.1 Who connected you to your first employer? Did you use the services of an agency?

3.3.2 Did you work as a paid caregiver before coming to Canada?

3.4 Immigration plans

3.4.1 Are you planning to apply for permanent residency after completing 24 months in the LCP?

3.4.2 Are you planning to stay in Canada and continue working after you receive your permanent residency?

4. Current Situation

4.1 Work

4.1.1 What kind of work do you do?

4.1.2 How is it to work in this job?

4.1.3 What are the biggest challenges you face in your work? Do you get overtime pay?

4.2 Social challenges while living and working in Canada

4.2.1 In general do you feel welcome here in Canada?

4.2.2 Have you experienced any form of racism?

4.2.3 What are advantages and disadvantages of being a Live-in Caregiver?

4.3 Support needs

4.3.1 What kind of support is your most important need?

4.3.2 How and by whom can this be met?

4.3.3 Are you a member of any ethno-cultural association?

4.3.4 How do you benefit from this membership?

4.3.5 In what way do they support you?

Anhang 3: Transkriptionsregeln

( )	=	Wort nicht verständlich
(domestic ?)	=	Wort nicht gut verständlich, Annahme der Autorin
Yeaaaah	=	gedehntes Wort
…	=	Satz wird nicht zu Ende geführt
(laughs)	=	non-verbale Signale wie Lachen oder Tonfall, Pause
[…]	=	In den Transkriptionen: Auslassung von personen-bezogenen Daten, die nicht anonymisiert werden konnten (Beispielsweise Firmennamen eines früheren Arbeitgebers)
		(Im Fließtext: Auslassung von Teilen des Zitats)

Sarah Hege

Mehr als Geld

*Motive und Strukturen der Unterstützung
Subsaharischer Herkunftsländer durch
migrierte Landsleute*

Migration & Lebenswelten, Bd. 3
2011, 138 S., br.,
ISBN 978-3-86226-094-2, € **18,80**

Migration bewirkt Veränderungen – für diejenigen, die das Land verlassen und diejenigen, die zurückbleiben. Dabei werden Verbindungen zwischen Aufenthalts- und Herkunftsland zunehmend aufrecht erhalten und intensiviert, Unterstützung über weite Entfernungen bewirkt. Welche Möglichkeiten und welcher Spielraum stehen den Migranten dabei zur Verfügung? Was bewegt dazu, diese Verbindungen aufrechtzuerhalten und Unterstützung zu leisten?

In diesem Buch werden mögliche Motive und Strukturen der Unterstützungsleistungen von Migranten an Empfänger im Herkunftsland, sogenannte Remittances, dargelegt. Grundlage ist eine qualitative Untersuchung mit dem Fokus auf Migranten aus Subsahara-Afrika. Neben finanziellen Remittances werden soziale Remittances, die Vermittlung von Werten und Normen sowie emotionale Unterstützungsleistungen miteinbezogen. Ebenso wird das Konzept der transnationalen sozialen Räume aufgegriffen.

Ziel ist es, die Sender der Remittances als eigenständige Akteure in ihrer Wahrnehmung und ihrer Deutung der Unterstützung in den Mittelpunkt zu stellen

Centaurus Buchtipps

Verena Jacob
Die Bedeutung des Islam für Jugendliche aus der Türkei in Deutschland
Empfehlungen für die Soziale Arbeit in der Jugendberufshilfe
Migration und Lebenswelten, Bd. 4, 2011, 168 S.,
ISBN 978-3-86226-096-6, € **19,80**

Viviane Nabi Acho
Elternarbeit mit Migrantenfamilien
Wege zur Förderung der nachhaltigen und aktiven Beteiligung von Migranteneltern an
Elternabenden und im Elterbeirat
Migration und Lebenswelten, Bd. 2, 2011, 138 S.,
ISBN 978-3-86226-039-3, € **17,80**

Fabian Frank
Soziale Netzwerke von (Spät-)Aussiedlern
Eine Analyse sozialer Unterstützung aus sozialarbeiterischer Perspektive
Migration und Lebenswelten, Bd. 1, 2011, 122 S.,
ISBN 978-3-86226-037-9, € **16,80**

Nausikaa Schirilla
Multikulti
Herausforderung gesellschaftliche Vielfalt
Centaurus Paper Apps, Bd. 21, 2012, 55 S.,
ISBN 978-3-86226-166-6, € **5,80**

Ilhami Atabay
Zwischen Islamismus und Patchwork
Identitätsentwicklung bei türkeistämmigen Kindern und Jugendlichen 3. und 4. Generation
Münchner Studien zur Kultur- und Sozialpsychologie, Bd. 20, 2012, 288 S.,
ISBN 978-3-86226-017-1, € **19,80**

Annika Koch
Abenteuer mit Migrantinnen und Migranten
Ein erlebnisorientiertes Konzept für die interkulturelle Arbeit
Reihe Pädagogik, Bd. 45, 2012, 180 S.,
ISBN 978-3-86226-190-1, € **20,80**

Ümit Kosan
Interkulturelle Kommunikation in der Nachbarschaft
Analyse der Kommunikation zwischen Nachbarn mit türkischem und deutschem Hinter-
grund in der Dortmunder Nordstadt
Gender & Diversity, Bd. 8, 2012, 190 S.,
ISBN 978-3-86226-177-2, € **25,80**

Esther Ruiz-Ben (Hrsg.)
Internationale Arbeitsräume
Unsicherheiten und Herausforderungen
Soziologische Studien, Bd. 36, 2010, 300 S.,
ISBN 978-3-86226-028-8, € **25,00**

Informationen und weitere Titel unter **www.centaurus-verlag.de**

Printed in the United States
By Bookmasters